NÃO SABE O QUE FAZER?

PERGUNTE AOS FILÓSOFOS!

MARIE ROBERT

NÃO SABE O QUE FAZER? PERGUNTE AOS FILÓSOFOS!

Tradução
Karina Barbosa dos Santos

 Planeta

Copyright © Marie Robert, 2018
Copyright © Editora Planeta do Brasil, 2021
Copyright © Karina Barbosa dos Santos
Todos os direitos reservados.
Título original: *Kant tu ne sais plus quoi faire: il reste la philo*

Preparação: Max Welcman
Revisão: Paula Queiroz e Carmen T. S. Costa
Diagramação: Dimitry Uziel
Capa: Eduardo Foresti/Foresti Design

Dados Internacionais de Catalogação na Publicação (CIP)
Angélica Ilacqua CRB-8/7057

> Robert, Marie
>   Não sabe o que fazer? Pergunte aos filósofos! / Marie Robert; tradução de Karina Barbosa dos Santos. -- São Paulo: Planeta do Brasil, 2021.
>   144 p.
>
> ISBN 978-65-5535-420-1
> Título original: Kant tu ne sais plus quoi faire: it reste la philo
>
> 1. Autoajuda 2. Filosofia I. Título II. Santos, Karina Barbosa dos.
>
> 21-2294   CDD 158.1

Índices para catálogo sistemático:
1. Autoajuda 2. Filosofia

2021
Todos os direitos desta edição reservados à
EDITORA PLANETA DO BRASIL LTDA.
Rua Bela Cintra, 986 – 4º andar – Consolação
São Paulo – SP CEP 01415-002
www.planetadelivros.com.br
faleconosco@editoraplaneta.com.br

*À comuna Buffignécourt,
à casinha na rua Didot
e a seus proprietários.*

SUMÁRIO

Introdução — 9

Spinoza na loja de departamento — 13
Ou o desejo e suas contrariedades

Aristóteles e a ressaca — 25
Ou a crença na experiência

Nietzsche e os tênis de corrida — 35
Ou a superação de si mesmo

Nada de tragédias no Jardim de Epicuro — 45
Ou a ética em plena consciência

Platão e os encontros românticos — 55
Ou as vertigens do amor

Assim como Pascal, todos morrem no final — 65
Ou aprender a congelar o tempo

Levinas é o melhor remédio — 75
Ou a crise do adolescente *vs.* a crise do outro

Heidegger e a ração — 85
Ou sobreviver à morte do seu cão

Kant e o fim do relacionamento — 95
Ou a razão se divorcia da paixão

Bergson lança uma startup — 105
Ou o trabalho como criação do ser

Wittgenstein, meus sogros e eu — 115
Ou cultura e diversidade

Um presente nota Mill — 125
Ou os cuidados da verdade

Agradecimentos — 139

INTRODUÇÃO

Depois de quatro horas andando pelos corredores de uma loja de departamentos, tomada por um forte sentimento de impotência, eu me vi ali, no meio de um monte de caixas, em lágrimas, pronta para estapear a primeira pessoa que passasse falando sobre estantes. Mesmo assim, a lista de compras já estava pronta e eu conhecia o catálogo da loja como a palma da minha mão. Minha mente metódica estava ativada, pronta para demonstrar sua eficiência. Mas isso não era suficiente. Completamente perdida, traída pela minha razão, eu estava em estado de crise. Eu não sabia mais o que fazer.

Decidi então rever todas as coisas que, na minha vida, me acalmavam e me ajudavam a me sentir melhor. Pensei em me deitar em uma das camas ali mesmo ou talvez pegar uma garrafa de vodca. Mas, depois de alguns minutos de hesitação, procurei um remédio melhor. E foi assim que me veio à mente a figura de Spinoza, um dos meus pensadores favoritos. Sentada em um canto da loja, imaginei que meu querido filósofo se aproximava de mim para me servir um cappuccino e dizer algumas palavras reconfortantes. Parei de chorar, agarrei-me aos seus conceitos. Consegui voltar atrás e controlar minhas emoções. De repente, percebi que sua filosofia tinha acabado de salvar a minha tarde.

Assim nasceu a ideia deste livro: doze situações de crise e doze filósofos capazes de nos trazer paz e nos ajudar a ser menos dramáticos. Nas histórias a seguir, falo sobre as situações que fogem do nosso controle, os minutos de caos em que tudo desmorona, os momentos que nos trazem raiva, lágrimas, culpa, incompreensão, vergonha... enfim, que nos deixam à flor da pele. Histórias que todos nós já vivemos. E, para nos ajudar, por que não usar palavras de conforto que atravessaram os séculos?

Eu sentia que era essencial tirar a filosofia das bibliotecas e trazê-la de volta às nossas noites, nossos encontros, nosso trabalho e, acima de tudo, ao nosso dia a dia. Quem sabe, assim, a disciplina volte a ser o que ela tem sido há milênios: não uma teoria abstrata, pretensiosa e árdua, mas uma sabedoria que nos faz bem. Porque o ato filosófico não está apenas no conhecimento, mas em tudo o que pode melhorar a nossa vida, nos consolar, nos preservar, permitir que nos afastemos do que nos perturba, como um filho adolescente malcriado, a morte do nosso cão ou nosso próximo encontro romântico.

Tirar a filosofia de seu pedestal é uma forma de homenageá-la e nos familiarizar com esse conhecimento tão precioso. Assim, na próxima crise, em vez de entrar em pânico, poderemos convidar Aristóteles, Platão ou Kant para tomar um cafezinho em nossa sala de estar.

MARIE ROBERT

SPINOZA NA LOJA DE DEPARTAMENTO

Ou o desejo e suas contrariedades

Sábado 9h54 – Você acorda com a sensação gostosa de ter quarenta e oito horas só para você. Dois dias de prazeres ociosos, cafés longamente saboreados, leituras inspiradoras, jantares compartilhados e esportes sem culpa. Essa doce plenitude invade você por completo quando, de repente... você percebe que a prateleira do seu quarto, sua preciosa e fiel estante de livros, pode desmoronar a qualquer momento, com o peso dos tesouros que contém. Com certeza, a culpa é dos doze livros de meditação que você comprou no ano passado, dos álbuns de fotos da escola, das lembranças trazidas da Índia no verão de 1998 e das enciclopédias que você nunca quis doar, mesmo com milhões de sites confiáveis na internet. A solução certamente seria fazer uma limpa, mas você gosta demais desses objetos e não consegue se separar deles. Até porque você poderia simplesmente colocar mais uma estante ao lado da antiga, para guardar novas lembranças.

Assim, tomada por uma onda de entusiasmo, você consegue convencer sua alma gêmea a ir tomar café da manhã no templo do entretenimento adulto: uma loja de departamento. Um lugar cheio de corredores tão familiares e tão reconfortantes que acompanham você desde a montagem do seu primeiro quarto de estudos. A madeira, os conceitos, os nomes simpáticos e impronunciáveis, a boa vontade dos atendentes, enfim, o plano perfeito. O carro está pronto, o porta-malas está vazio, pronto para receber suas descobertas, porque, além de comprar uma estante, você percebeu que também precisa trocar as panelas, a roupa de cama, o suporte da tevê e comprar uma linda mesa de centro para embelezar a sala de estar.

Catálogo na mão, você já analisou com detalhes as páginas que lhe interessavam. Você entra na loja com um sorriso no rosto, diante de tantas possibilidades escondidas pelos corredores. O percurso começa mais fácil que arborismo. Você segue as setas no chão, abrindo mão do livre-arbítrio e seguindo o caminho marcado. Na primeira esquina, você pega um pequeno lápis de madeira e fica feliz como uma criança. Admirada, você contempla os apartamentos decorados que comprovam que é possível viver tão bem em um *loft* como em um apartamento de dezoito metros quadrados, e que a felicidade está nas elegantes soluções de organização.

Você continua sua caminhada de luxúria, provando um fascínio pela seção de cama, mesa e banho, delimitada por um cartaz que parece um mantra ou o conselho de um terapeuta familiar: "O quarto? Separar sem dividir". Na seção infantil, suas pernas começam a ficar bambas. Já faz duas horas que você está andando pelos corredores. Seu carrinho já tem uma manta de tecido sintético, três pacotes de guardanapos de papel com desenhos de renas e duas conchas de plástico, que, sem dúvida, serão úteis no dia em que você fizer a dieta da sopa. Você é dominada por essa vontade irresistível, esse impulso que leva você a dizer que existir é perseverar em seu desejo de gastar.

Você tenta acelerar o ritmo, mas se deixa levar pela visão de um adorável crocodilo de pelúcia. Seu parceiro começa a levantar ligeiramente a voz:

"E esse bicho de pelúcia, vai acabar igual ao do ano passado? Nas profundezas da adega? Vai fazer companhia para as traças?"

Envergonhada, você enfrenta sua frustração e passa com o carrinho sobre os pés dele, fingindo não ter escutado seu grito de dor. Em seguida, em um arroubo de eficiência, você tenta resistir ao caminho imposto, chegando ilegalmente ao corredor dos móveis de escritório, passando por cima de uma cadeira de três pés com um *design* caprichado. No corredor de iluminação, num misto de raiva e calor, você pinga de suor. Mastigar a ponta do seu lápis de madeira não é suficiente para acalmá-la.

Depois de alguns momentos perambulando, chegou a hora de entrar na seção de organização. O problema é que você perdeu as referências dos produtos que lhe interessaram, seu catálogo ficou em cima de uma pilha de porta-toalhas. Irritada, você pega um monte de coisas. Nada parece acalmar seu nervosismo. Você pensa em desistir no momento em que seu parceiro pergunta:

"Quem é que vai carregar tudo isso?"

Num gesto de raiva, você pega uma parafusadeira, com um forte sentimento de independência. O que está acontecendo? Você mudou. O poder que você sente crescer não pode ser contido, você tentou em vão seguir os discursos sobre a sociedade de consumo, mas aqui, neste momento, seu desejo é ilimitado, sua duração é indefinida.

É o começo do caos. Você se enganou: a mesa de café não é do tamanho que você imaginava. Você ouve, ao longe, um indivíduo gritando:

"Mas você não tinha medido antes?"

O suporte da tevê, tão refinado em papel brilhante, está com a madeira compensada visível demais, e aquele cabideiro que adorou, você já tinha visto no escritório e na última casa de temporada do hotel onde se hospedou. Você se incomoda com a conformidade. Isso não a impede de ficar em fúria, pegando quatro velas vermelhas com perfume de frutas vermelhas e baunilha, duas caixas de pratos e uma mandioca de plástico, que você logo esconde em sua sacola de compras amarela. Você não sabe mais aonde seu desejo a está levando.

Seu acompanhante olha para você com desprezo, você passa para ele a mesma sensação de quando ele quebra uma lâmpada ao jogá-la no carrinho. A luta termina na seção de autoatendimento, onde você se sente diminuída por essas pilhas de pacotes até o teto, promessas de noites inteiras para tentar usar uma chave de fenda. Seus pertences estão escondidos em algum lugar entre os corredores B18 e D24. Você pega o celular para encontrar as referências dos produtos que estavam salvos, convencida de que logo estará livre.

Então, horrorizada, você descobre que seu celular está desligado: acabou a bateria. Ou você recomeça toda a jornada, ou se despede da sua mobília. Seu desejo não foi realizado. Nos minutos que se seguem, você está quase em transe, soluçando, xingando, desanimada, segurando um recibo de 236 euros da compra de objetos que você nem sabe direito para que servem. Exausta, você pega o carro de novo. Você só queria comprar uma estante, mas seu porta-malas está prestes a explodir. São sete e catorze da noite, e os engarrafamentos da região fazem você ter plena consciência das suas dores, do seu suor, da sua angústia infinita, e do seu ódio profundo pelas lojas de departamento.

E O QUE SPINOZA TEM A DIZER SOBRE TUDO ISSO?

É importante admitir, desde já, que Spinoza nunca quis comprar uma estante de livros. Por outro lado, o desejo, a virtude, a adversidade e tudo o que se segue, o filósofo Spinoza – de primeiro nome Baruch – conhece muito bem e faz todos os esforços para que você não se sinta culpado.

O primeiro mérito de seu pensamento, em caso de depressão pós-sábado na loja de departamento, é nos fazer entender os mecanismos de nossa humanidade e, portanto, de nossas ações. Ele nos conforta e explica que cada indivíduo é caracterizado por um *conatus*. Não entre em pânico, esse termo estranho é menos assustador do que parece, ele apenas descreve um impulso. Um tipo de força que nos leva a sair da cama de manhã e experimentar a alegria de viver. Vamos resumir um pouco. Para Spinoza, o ser humano faz parte da Natureza, que foi criada por Deus. Assim, todo ser humano é o representante dos superpoderes divinos. Como tais, estamos cheios de uma forte energia vinda diretamente do céu, vigorosamente determinados a preservá-la, e fazemos grandes esforços para mantê-la intacta. O *conatus* é nossa área protegida, a coisa que não precisamos tocar, e que nos torna criaturas naturais (e não personagens de videogames).

Esse *conatus* muitas vezes leva outro nome, mais difícil de rimar, mas um pouco mais conhecido: o *desejo*. E é nesse assunto que Spinoza se torna um excelente terapeuta, do tipo que gostaríamos que tivesse um podcast para ouvir todas as tardes durante as compras. Em sua filosofia, o desejo, o apetite, a vontade, o impulso tornam-se valores universais, que constituem a nossa natureza profunda e nos enchem de vida. Não há necessidade de lutar, é impossível se livrar desse desejo, porque é ele que mostra que estamos vivos. Mais que um defeito, ter desejo é na verdade uma boa notícia, é sinal de que fazemos parte da lista VIP da comunidade humana. Ele chega a escrever: "O desejo é a essência do homem". Não pode ser posto de lado, contado, cronometrado, porque o desejo – esse pequeno *conatus* – é infinito. Só a morte pode pará-lo; uma conta bancária no vermelho ou uma dívida de apartamento com certeza não podem. O desejo é a testemunha da nossa vida. Mas, cuidado, não basta se levantar para senti-lo, ele não existe de modo abstrato, ao vento. Muito pelo contrário! O desejo só pode ser mostrado por meio de situações, como ir a uma loja de departamento, por exemplo, e sonhar diante de pacotes de guardanapos de papel. É dentro de um contexto que ele se agita e inflama nossos pensamentos.

Moralidade, segundo o filósofo, ocorre quando, por exemplo, você tem desejos novos a cada semana – uma viagem, um café, um encontro, uma atividade, ou um novo objeto –, não são meros caprichos, é apenas o seu *conatus* spinozista se expressando. Nós estamos vivos, por isso é normal que nosso desejo se expresse, ele faz parte do esforço que nos mantém despertos e que nos torna representantes honrados da natureza divina. De forma quase inconsciente, ao tentar analisar nossos impulsos, Spinoza marca um ponto e diminui alguns graus a pressão sobre nós, evitando que fiquemos angustiados, e nos dizendo que tudo isso é, por fim, uma ótima notícia.

Mas isso não é tudo. Como Baruch é decidimente um homem prestativo, ele também está por perto para acalmar a tempestade nos dando alguns conselhos valiosos sobre a virtude. Cuidado, ser virtuoso para ele não é fazer tratamento de desintoxicação toda semana, nem se proibir de falar mal de um colega, nem deixar de dançar ao som de Beyoncé, nem parar de fazer compras em lojas de departamento. É, antes de tudo, adquirir um verdadeiro conhecimento de nossas paixões, entender o dinamismo que existe em nós, para sermos capazes de definir o que nos faz bem. É essa escuta do real e de nós mesmos que nos permite alcançar a plenitude, a serenidade tão buscada. O sábio não é aquele que é razoável, mas aquele que tem acesso a um conhecimento real de si mesmo e das coisas ao seu redor, que passa a entender o que nos instiga como algo que nos agrada. Ter desejo é normal, e até mesmo benéfico, mas o essencial é aprender a reconhecê-lo para que sejamos menos aborrecidos e, portanto, mais animados quando ele se manifestar. Ser virtuoso não é reprimir o *conatus*, é fazer dele um conhecido.

Da próxima vez que você for a uma loja de departamentos, pense em Spinoza, parabenize-se por estar vivo e cheio de desejos. E lembre-se de reservar alguns momentos para se ouvir e pergunte a si mesmo se você realmente quer o que está comprando. Sem dúvida, o final do dia será um pouco mais virtuoso e, acima de tudo, muito menos doloroso.

UM POUCO MAIS SOBRE SPINOZA
(1632-1675)

Nascido em 24 de novembro de 1632, em Amsterdã, Spinoza teve uma vida particularmente agitada. Condenado pela comunidade judaica em 1656 por ter ideias contrárias à religião, foi forçado a viver longe de sua família. E, somente em 1677, após a sua morte, foi publicado seu livro *Ética*, que se tornaria um incrível best-seller. Seu projeto era estabelecer uma filosofia prática que permitisse ao homem, com toda a tranquilidade, alcançar a liberdade. Precursor do desenvolvimento pessoal e grande intelectual, Spinoza se pergunta: "Como combater as paixões que nos devoram e nos opõem aos outros?", "Quais são as alegrias e os desejos que afirmam plenamente nossa personalidade?", "De que modo o homem pode sair de sua passividade e alcançar uma ação real?", tudo reunido em forma de sistema, misturando reflexões sobre Deus, a Natureza e até a geometria. Spinoza é essencial para a filosofia.

Leia para enfrentar a crise
Ética

Nessa obra, publicada postumamente para evitar a censura, Spinoza desenvolve suas ideias à maneira dos matemáticos, encadeando propostas deduzidas rigorosamente umas das outras. Ele examina, por sua vez, Deus, a liberdade, as paixões, para desenvolver uma nova definição do sábio.

Pílulas filosóficas

• O desejo é apenas a prova de que somos seres humanos. É a expressão da maravilhosa força vital que nos permite levantar de manhã.

• O desejo não existe para ser combatido, é irreprimível e infinito, é melhor reconhecê-lo quando ele se expressa, em vez de se culpar.

• A sabedoria é adquirida através do autoconhecimento. Nada é condenável, só precisamos saber quem somos e para onde estamos indo. Precisamos aprender a ouvir.

ARISTÓTELES E A RESSACA

Ou a crença na experiência

Desta vez, você jurou por todos os livros mais sagrados de sua biblioteca: você nunca mais teria uma ressaca. Você queria dizer "adeus" àquela sensação que fazia sua cabeça parecer tão febril como a torcida do Brasil num estádio de futebol na final da Copa do Mundo. Você queria desistir daquele gosto ruim na boca, das náuseas recorrentes, dos olhos sensíveis, do difícil dia seguinte. Para seus amigos, você se tornou um personagem de uma série. Aquele que sabemos que toda noite dirá a palavra "in-crí-vel", enfatizando as sílabas no ritmo de sua loucura.

Vale lembrar que, todos esses anos, você sacrificou corpo e alma no altar das baladas. Suas façanhas tinham um gostinho de sucesso. Seus excessos haviam se tornado um modo de viver, de reescrever a cada dia sua juventude, desde os óculos escuros à noite até o cartão de crédito esquecido no banheiro. O ritual era sempre o mesmo: milhares de mensagens de texto para combinar o lugar, o endereço, as roupas. E por fim, no momento de sair, uma tranquilidade que só as pessoas organizadas conhecem.

Futilidades em torno de uma bebida, até que surge um

assunto importante, e você descobre que a elegância desaparece mais rápido do que os cubos de gelo da sua caipirinha. Música ao fundo, braços para o alto, gritos descontrolados, umidade e luz intermitente. A febre do sábado à noite, não importa o quanto você bebeu, o importante é a euforia. Além disso, você já afirmou várias vezes que cambalear nada mais é que uma maneira de dançar. Quase todos os domingos de manhã, seus amigos encontravam você perto de um restaurante de fast-food, esperando as portas abrirem para poder comprar um hambúrguer e devorá-lo sem dó, pois estava morrendo de fome. Você passava as horas seguintes tentando recuperar as memórias do dia anterior. É claro que você preferia omitir os momentos mais vergonhosos, aqueles em que seu senso de humor era um pouco exagerado. Seus fins de semana eram uma montanha-russa, na qual a agitação juvenil e a agonia da culpa se sucediam interminavelmente.

E então, um dia, depois da enésima rotina destrutiva dos fins de semana, você decidiu que tudo aquilo era passado. Depois de ter feito tudo de novo – da euforia do sábado à noite até a tristeza da manhã seguinte –, você acreditava que tinha adquirido algo precioso chamado "experiência". Seus erros foram riscados com caneta permanente. Na verdade, você estava certo: tinha aprendido a ouvir a si mesmo, e decidiu que sua flexibilidade não lhe serviria mais para subir seminu nas mesas, mas para aperfeiçoar suas posturas de ioga.

Acreditando em seus objetivos, você se tornou oficialmente um mestre da vida saudável. Mostrou a sua paixão pela vida sem glúten da mesma forma que demonstrava sua antiga obsessão pela vida devassa. Seus drinques agora não têm nada além de legumes, e você os toma às seis da manhã, antes da corrida e depois da meditação. Você tem orgulho de mostrar essa nova maturidade, essa progressão em seu autoconhecimento. Está convencido de que esta é uma nova vida, cheia de amor e de óleos essenciais. As tardes de domingo, jogado em frente à televisão, digerindo as loucuras do dia anterior, parecem ter sumido de vez da sua vida.

Então, ao receber uma mensagem com um convite para uma "grande festa", você sorri. Como se a vida estivesse desafiando você a provar que a experiência o fez evoluir e que agora você sabe como resistir às tentações, mesmo em zonas de turbulência. Você aceita o desafio, porque quer mostrar a todos à sua volta que você pode ser "ra-ci-o-nal", com a mesma satisfação que as sílabas ditas no ritmo de sua sobriedade. Seu primeiro reflexo é enviar uma mensagem de texto, cheia de gentileza e entusiasmo, para avisar que vai comparecer e ir embora antes da meia-noite. A partir de agora, é assim que você vai passar seus sábados, em uma sábia mistura de alegria e preservação de sua pessoa. Em suma, a sabedoria incorporada.

Você entra no bar, com o olhar confiante e ligeiramente superior de quem consegue resistir a todas as tentações. Está sereno, feliz em ver essas festividades de outra forma, aliviado por saber que pode distinguir onde está sua virtude. Às onze da noite, você ainda está disposto e animado, discutindo as dietas do momento. Às onze e meia, você está prestes a retirar seus pertences na chapelaria quando, de repente, um velho amigo pega você de surpresa e lhe oferece uma bebida em homenagem aos "bons tempos". Um pouco de insistência e uma rápida negociação entre você e sua mente lhe permitem concluir que só um gim-tônica não vai acabar com seus objetivos. Afinal, um golinho aqui e um ali nunca seriam suficientes para colocar um domingo em perigo. À uma da manhã, quando você está espremido com mais seis pessoas em um táxi que vai para um lugar não identificado, você tenta se convencer de que suar um pouco é uma maneira de continuar seu programa *detox* da semana. Às três da manhã, você está em pé sobre uma mesa, cantando em voz alta um *hit* do verão e esvaziando todos os copos que vê pela frente. Às quatro, você não sabe mais onde mora. Às cinco, seus objetivos estão arruinados.

A noite de sábado já era, a manhã de domingo já era. São duas da tarde, e aqui está você, na sua cama com o sentimento amargo de ter falhado miseravelmente, repetindo exatamente o mesmo mau comportamento. Sua cabeça está girando e ardendo em febre. Ao desrespeitar a promessa que fez a si mesmo, você encontrou seus antigos demônios e mergulhou num mar de culpa. A experiência que você acreditava ter conquistado se dissolveu com o gelo dos seus drinques. Você não sabia escutar a si mesmo. Os copos brindam em sua cabeça, uma maneira cruel de dizer que entre beber e se transformar, você tem que escolher. Você está sentindo dor de cabeça, cansaço, culpa... daria tudo para voltar atrás e passar a noite em casa assistindo a um documentário.

E O QUE ARISTÓTELES TEM A DIZER SOBRE TUDO ISSO?

A história não diz se Aristóteles era fã de baladas. Por outro lado, é certo que, quando se trata de autoestima e do modo de viver, ele é um especialista. Quando escreveu *Ética a Nicômaco*, um dos filósofos mais famosos da Antiguidade se deu uma missão: a de compreender qual é a melhor maneira de agir. Sua filosofia é um guia prático. Sua ética, uma moralidade que quer resultados. Ou seja, ele tenta saber qual é o propósito de nossa existência. Uma vez encontrado o propósito, Aristóteles nos dá a chave para poder alcançá-lo. Terminar a noite de sábado alcoolizado não parece ser um fim em si mesmo, nem um objetivo altamente recomendável, mas, por meio de suas palavras, conseguimos fazer desse momento patético um momento de experiência e, portanto, o início da sabedoria. Cada momento da vida, mesmo humilhante ou decepcionante, é um passo a mais rumo ao conhecimento de nós mesmos. Não é de se admirar que um pensamento assim, tão reconfortante, tenha sobrevivido a 2.500 anos de culpa.

Sua resposta sobre o que deve influenciar todas as nossas ações poderia ter sido dada em poucas linhas, porque, em seu pensamento, nosso horizonte final se resume em uma palavra preciosa e é simplesmente chamado de "o bem".

Mas cuidado, para Aristóteles, "o bem" não é um conceito impossível de alcançar. Pelo contrário, neste caso, o bem nada mais é que sinônimo de felicidade. Em suma, a ambição da moral seria simplesmente se sentir em harmonia consigo mesmo. Ser virtuoso não é se privar de um encontro com os amigos, é dar a si mesmo a possibilidade de ser feliz. Porque se, na linguagem cotidiana, a virtude evoca uma atitude um pouco tímida, aqui é apenas uma questão de aprender a estar bem.

Porém, fique atento, porque a felicidade privilegiada por Aristóteles não é um prazer da carne nem um prazer social, mas, sim, uma felicidade meditativa, a do sábio que segue o caminho certo com coragem, temperança e serenidade. Descreve uma felicidade verdadeira que não depende dos caprichos do mundo exterior. É uma felicidade que se aloja dentro de nós. Mas, agora que ele nos fez querer esse modo de vida tão desejável, resta saber qual caminho seguir para alcançá-lo.

Precisamos aceitar que atingir esse objetivo requer tempo. Porque conhecer essa profundidade supõe um treinamento sólido. A verdadeira felicidade requer virtude, mas a virtude não pode ser adquirida num piscar de olhos. Ela só pode emergir por meio de uma vivência, que é a chamada "experiência", ela própria é composta de uma infinidade de experiências. Sim, essa é a chave mais útil. É somente fazendo uso da vida, passando por estados positivos ou negativos, que progredimos na descoberta do mundo e de nós mesmos, que aprendemos a ouvir nossa razão. Portanto, a sua ressaca de domingo é benéfica, pois faz você entender alguma coisa. Ela permite que você dê um passo e gradualmente se aproxime do estado em que se sentirá bem. A experiência nos ajuda, por exemplo, a reduzir o consumo de bebidas aos poucos e a saber que, depois de dois drinques, é hora de ir para a cama ou escolher a sobriedade. Precisamos saber ouvir e ter paciência, comemorando cada vitória.

Precisamos entender que a virtude é um modo de vida contínuo. O que nos torna melhores não é a culpa, é a experiência que adquirimos com a vida e com as decepções. Algumas metas ou uma série de restrições não nos tornarão uma boa referência de vida. Essa experiência nunca é totalmente adquirida, não é um ponto fixo, mas uma passagem que, com perseverança, molda o nosso destino. O que importa não é ser perfeito, o importante é não cometer os mesmos erros, é evoluir sempre.

Para Aristóteles, a virtude está entre o conhecimento e a ação. Devemos nos esforçar para avançar, nos confrontar, tentar, mesmo se precisarmos cometer excessos e erros. É uma vontade de agir bem e, quando se manifesta, ela se torna comum e mostra o filósofo que "nós somos o que fazemos repetidamente. A excelência, portanto, não é um ato, mas um hábito". Da próxima vez que for convidado para uma festa, você não precisa ficar em casa deitado, mas não cometa os mesmos erros: recuse o gim-tônica e cuide de si mesmo, mostrando que a virtude é o melhor caminho para você se sentir feliz em um domingo de manhã.

UM POUCO MAIS SOBRE ARISTÓTELES
(384-322 a.C.)

Nascido em 384 a.C. em uma das ilhas Cíclades, na Grécia, Aristóteles ainda era adolescente quando começou sua formação filosófica, aos 17 anos, na Academia de Platão. Cercado pela elite do pensamento grego, ele afiou sua mente, tornou-se o mentor de Alexandre, o Grande, e ficou famoso por sua vivacidade, a ponto de se distanciar de seu mestre e abrir sua própria escola, que ele chamou de Liceu. Com seus alunos, ele refletia enquanto caminhava, para manter a mente em movimento.

Conhecedor de múltiplas áreas e conceitos, ele percorreu o mundo das ideias, conectando reflexões sobre uma infinidade de assuntos, por meio de várias disciplinas, como ética, lógica, política, medicina e física. Ele conseguiu ir longe, a ponto de estabelecer as bases de algumas delas. Não é de se admirar que, com uma história de sucesso de inteligência, ele tenha sido traduzido e interpretado tanto pela tradição cristã quanto pela árabe, e continue sendo uma referência mundialmente estudada.

LEIA PARA ENFRENTAR A CRISE
Ética a Nicômaco

Qual é o bem supremo? É a felicidade, mas Aristóteles

mostra que os homens têm opiniões diferentes sobre os meios para alcançá-la, dando ao livro uma reflexão extremamente atual.

> **Pílulas filosóficas**
> • O objetivo da existência é a felicidade, que pode assumir muitas formas: prazeres, honras, glória etc. No entanto, a maior felicidade é aquela que depende apenas de nós.
> • Para alcançar a felicidade, é preciso ter virtude, e isso leva tempo.
> • A maior chave para ser feliz é a experiência que está sempre em construção. Apenas vivendo, agindo e errando podemos descobrir nossa natureza e fazer bom uso da razão.

NIETZSCHE E OS TÊNIS DE CORRIDA

Ou a superação de si mesmo

Quantas vezes você se imaginou cruzando a linha de chegada? A imagem estava nítida em sua mente. A tensão nas articulações, um forte calor no interior dos músculos, o olhar focado, concentrado no horizonte, algumas gotas de suor na testa, um passo à frente, depois outro, superando todas as dores. E então, finalmente, após a linha de chegada, seus joelhos apoiados no chão, você ouve apenas o som da glória nas arquibancadas, o refrão "We are the champions" discretamente se alinhando com o seu batimento cardíaco, o seu corpo livre, pronto para dar um abraço apertado nos seus companheiros de equipe, impressionados. Na sua cabeça, a cena muitas vezes terminava com uma sequência sem cortes, a câmera virada para você, uma entrevista completa, e você tomado pela modéstia dos heróis que fazem da vitória uma mera formalidade.

Esse sonho de ser um atleta de sucesso você já teve centenas de vezes, desde que aprendeu a andar. Ao fechar os olhos, você podia visualizar sua carreira lendária, um recordista de quilômetros e de patrocinadores. Só que, um dia, uma ideia surgiu em sua cabeça e você finalmente se sentiu motivado a correr a primeira maratona de sua vida e tornar o seu sonho realidade. Você preencheu o formulário de inscrição com a sensação de estar passando por cima de sua preguiça e de seus medos. Afinal, um par de tênis era tudo o que separava você de alcançar o maior desafio de sua existência, a superação final.

Entusiasmado com sua decisão, você estava pronto para começar a treinar. Melhorar o *pace*, como dizem os praticantes de corrida. Você havia feito um planejamento com nove meses de antecedência. Estava imerso em pesquisas avançadas. Começou a seguir todas as páginas de corrida do Facebook, ficou surpreso ao ler comentários sobre os tipos de gel de carboidrato. Você fez uma comparação sobre os diferentes tipos de solas de tênis, dedicando vários sábados a aprender mais sobre as sutilezas de sua passada com um vendedor experiente em tendões frágeis. Você queria ser o melhor. Mas, acima de tudo, você demonstrou uma disciplina de ferro, acumulando sacrifícios e limitando saídas com amigos.

Depois de alguns meses, você sentia um orgulho incomparável, sempre visando aumentar seu desempenho. Mais do que seu quadríceps, o seu ego aumentava de tamanho. Você tinha praticado esporte a vida inteira e sabia que o esforço era difícil mas também benéfico, só que, dessa vez, o sentimento era diferente. A cada longa jornada, você estava mais confiante e se sentia um pouco mais forte, livre de todas as suas dúvidas e capaz de transformar o mundo em sua pista de corrida. Seu corpo parecia cada vez mais potente e sua mente, mais determinada. No final do seu treinamento, sentir-se em movimento tornou-se uma necessidade diária, mesmo que isso significasse forçar seus limites um pouco mais. Todos os dias, você repetia como um mantra: "Corro, logo, existo", confiante graças aos resultados exibidos em seu relógio inteligente.

Nove meses se passaram, agora você está pronto para se tornar um maratonista. Você conhece bem o percurso, já ajustou os tênis e programou uma *playlist* especial para dar um gás na sua motivação. Mas, quando você está a poucos passos de seu auge, seus gestos de repente parecem dominados por uma estranha angústia. Suas costas paralisadas deixam você com um aspecto estranho, bem diferente daquele dos guerreiros gregos. Nenhum gel de massagem pode aliviar essa tensão. Você tenta amarrar o cadarço e sente tontura. Você não é mais um ator em um filme de ação, agora é um figurante em uma série médica.

Ao pesquisar as causas do seu mal, você descobre a verdade inaceitável. Você sofre de uma patologia terrível que nenhum treinamento rigoroso ou equipamento sofisticado pode aliviar. Você é simplesmente vítima de uma crise de medo do palco, ou medo de se apresentar em público. O estresse e o pânico tomam conta. Você se sente fraco, impotente como um impostor, imobilizado por seus medos. Enfim, para cruzar a linha de chegada e receber os aplausos da plateia, como esperado, e não deixar seu sonho desaparecer, você precisa recuperar com urgência a sua mente vencedora. Você precisa de *coaching*.

E O QUE NIETZSCHE TEM A DIZER SOBRE TUDO ISSO?

Com seu físico febril e tantos problemas de saúde, é difícil associar Friedrich Nietzsche à noção de esporte e, pior ainda, à imagem esculpida de atletas musculosos, entusiasmados diante de suas performances. Por outro lado, seu pensamento contém tantas reflexões sobre a superação de si mesmo como seu nome possui consoantes.

Para ter uma aula de *coaching* com o filósofo, é preciso fazer um pequeno passeio pela história de suas ideias. O ponto de partida é sua crítica ao cristianismo. Ao longo de sua obra, Nietzsche permanece um tanto áspero nesse tema, porque, segundo ele, a religião, focada apenas na oração, coloca a terra em inferioridade comparada ao céu. A partir disso, ela nos afasta de nossa vida e nos obriga a desconsiderar nossa vida cotidiana, porque, ao olhar para cima, nos esquecemos de nossa existência aqui embaixo. Essa situação tende a desaparecer quando o cristianismo perde espaço. Nietzsche chega inclusive a explicar que "Deus está morto". Isso não significa que ninguém acredita em Deus, mas que nossos valores, os princípios de nossas ações, não se apoiam mais na fé ou na obediência a uma moral pronta. O problema é que, uma vez fora desse sistema, que certamente é restritivo, mas também é reconfortante, o homem se torna livre em si mesmo. Tudo em que a sociedade foi fundada entra em colapso, e isso tem consequências.

A perda de valores, como os conhecemos, leva ao niilismo. Com muita frequência, o termo é distorcido e usado como sinônimo de destruição, mas, para o pensador alemão, o niilismo é sutil e diversificado. Nietzsche o descreve de duas formas. Primeiro, o niilismo passivo. O "para quê?". Desprovido daquilo que o estruturou, o homem não tem mais força para acreditar em nada, não quer criar nenhum princípio nem estabelecer valores. Esse niilismo deve ser combatido. É ele que nos empurra para a total inatividade, o enfraquecimento de nosso ser. Mas, em *Assim falou Zaratustra*, Nietzsche também apresenta o niilismo ativo. É precisamente esse que nos interessa. Considerando que Deus está morto e que perdemos nossos antigos valores, nós os substituímos por novos. Para Nietzsche, é aqui que começa um fascinante trabalho de reconstrução. Para traçar uma nova moral, teremos que reavaliar o ser e a vida na Terra, descartados por muito tempo pelas altas esferas da religião. Mas, para nos enraizar e nos lembrar de nossa condição de seres humanos, nada como uma vida empolgante. E, nessa perspectiva, o que é melhor que um desafio?

Nietzsche revela o fato de que cada indivíduo possui em si uma energia que age como um motor e nos empurra cada vez mais. É o que ele chama de vontade de potência: "A vida mesma vale para mim como instinto de crescimento, de duração, de acumulação de forças, de potência: onde falta a vontade de potência, há declínio". É exatamente nessa potência – que se expressa, por exemplo, no esporte – que o niilismo ativo se encontra. É graças a ela que vamos construir novos valores. A angústia que sentimos antes de uma competição ou de uma prova, essa tentação de recuar diante do obstáculo, é um traço de niilismo passivo, da indiferença que nos faz querer ficar em casa e desistir. Pelo contrário, enfrentar a prova, entrar em ação, é afirmar nossa potência, afirmar o fato de estarmos vivos.

Mais do que querer preservar essa vontade de potência, devemos dar um passo adiante e sempre querer aumentá-la, desafiá-la, porque, exercitando constantemente a força que está em nós, chegamos ao estágio do super-homem. Porém, o super-homem para Nietzsche não é um homem perfeito nem um homem pré-selecionado com base em critérios genéticos; ele é, acima de tudo, um ideal a ser alcançado, para destacar os mais fortes e louváveis do ser humano. É buscando ser um super-homem que o indivíduo aprende a se superar. É na determinação para ir além dos nossos medos, dos nossos hábitos, do nosso conforto, que liberamos a potência da vida que está em nós. Só assim podemos intensificar as alegrias da existência e abandonar o que nos enfraquece. Valores até então ignorados são estabelecidos: prazer, rigor, coragem, força. Esses valores não vêm do céu, mas de nós mesmos. Os desafios são uma arena para celebrarmos essa renovação de nossos princípios, para sentirmos a incansável luta de nosso niilismo ativo. Renunciamos ao ócio, à indiferença, ao medo para triunfarmos na vida.

Então, mesmo que essa luta às vezes passe por zonas de turbulência, que o niilismo passivo tente nos prender e não soltar mais, você já fez a parte difícil, só falta incorporar o que você é, ou seja, o seu melhor. Pense no filme da sua vida, olhe para os seus pés e não para o céu, e torne-se o super-homem que você merece ser.

UM POUCO MAIS SOBRE NIETZSCHE
(1844-1900)

Nascido em Röcken, na Prússia, em 1844, Friedrich Nietzsche teve uma infância escolar brilhante, mas muito atormentada por crises existenciais. Devorado por um apetite pelo conhecimento, apaixonou-se pela poesia e continuou sua carreira nas melhores instituições, antes de se tornar, aos 24 anos, professor de Filologia na Universidade de Basileia, mergulhando nos textos em línguas antigas, para analisá-los em detalhe. Era apaixonado pela Antiguidade grega e via nela uma fonte de inspiração incrível para sua época. Obcecado pela ideia de fornecer uma versão moderna da cultura alemã, ele publicou muitos livros, atacando fortemente o cristianismo e a moral clássica, nos quais ele via a negação da vida e uma apologia à restrição permanente. Nos últimos dez anos de sua vida, ele ficou terrivelmente doente, perdido na loucura, sofrendo crises de demência tão profundas quanto sua filosofia.

Leia para enfrentar a crise
Assim falou Zaratustra

Ao mesmo tempo poeta e profeta, Zaratustra, depois de passar anos nas montanhas, retorna ao mundo dos homens para incitá-los a rejeitar tudo o que, na vida, é suportado e não desejado. O fato de sempre querer seguir uma moral pronta paralisa demais o desejo, a criação e a alegria. O super-homem é aquele capaz de ouvir seus instintos e dominá-los.

Pílulas filosóficas
- Em vez de aplicar valores prontos, é importante definir seus próprios valores e ouvir o seu instinto.
- Cada indivíduo tem em si uma energia que só precisa crescer.
- Ser um super-homem não é fazer façanhas, mas aprender a se superar para se tornar quem você realmente quer ser.

NADA DE TRAGÉDIAS NO JARDIM DE EPICURO

Ou a ética em plena consciência

O que é melhor do que um fim de semana com amigos para quebrar a tensão de uma semana cansativa de trabalho? Sexta à noite, preso num engarrafamento, entre o concerto das buzinas e o cheiro dos canos de escapamento, você só consegue pensar em palavras que lembram descanso. Espreguiçadeiras listradas, leituras inspiradoras, manhãs flexíveis como um mestre iogue, um jantar saboroso e discussões emocionantes. Você está pronto para se transportar para outro mundo. Não o mundo de pastas com fivelas ou compras no supermercado, mas o mundo onde o verdadeiro luxo se aninha em algum lugar entre a calma e o prazer. Sua necessidade de férias não pode esperar mais.

Mãos ao volante, você elogia a iniciativa dos organizadores, transpirando gratidão cada vez que olha para as placas de trânsito. Como sempre, você desligou o rádio para evitar o estresse dos noticiários, preferindo a música serena de seus pensamentos felizes. Tarde da noite, você chega, um silêncio em casa, sua mala – e seu coração também – está cheia de amor para compartilhar, e seu corpo cansado implora para ser colocado em lençóis tão confortáveis como seus pensamentos. Você adormece com apenas um desejo, deixar sua mente desacelerar, fundir-se à cor das árvores, ao frescor do ar e à ausência total de agitação e aborrecimentos.

Então, é com um sorriso radiante que você se senta à mesa do café da manhã, feliz por encontrar seus amigos. Seu sorriso se transforma em uma leve careta quando você descobre que eles estão com um olho fechado e o outro vidrado na tela do celular. Sentados à mesa, eles comentam as notícias de suas *timelines*, fazendo alguma fofoca ou contando uma tragédia, com uma fluidez própria das conversas descontraídas de cafeteria. Antes mesmo de tomar uma xícara de chá, você já engoliu duas histórias de acidentes de avião, o destino de um golfinho encalhado em uma praia, além de meia dúzia de escândalos políticos e financeiros. Embora você já sinta a sua alma se contorcendo com o peso dessas notícias, sinistras demais para uma manhã, você tenta manter seu bom humor. Você está passando um fim de semana com as pessoas de quem gosta e, depois de tudo, mesmo acreditando na futilidade dessa obsessão matinal por informações, não é isso que vai privar você de sua plenitude.

No entanto, a situação parece piorar à medida que você se prepara para o almoço, quando seu amigo de infância decide listar todos os perigos possivelmente causados pelo consumo dos ingredientes da salada. Com a ajuda de nomes sofisticados, terminologia de componentes químicos e informações tiradas da internet, ele pinta um retrato paranoico, transformando uma refeição aparentemente inofensiva em uma espécie de *serial killer*. O medo do mundo substituiu o medo ancestral dos deuses. Cada sujeito se torna um objeto de apreensão. Você ouve isso, seu estômago sente uma náusea violenta, ou seria seu cérebro?

Finalmente, privado de qualquer apetite, você caminha com outro amigo e logo descobre sua paixão por teorias da conspiração. Assim, entre duas respirações à beira do oceano, ele forma um conjunto de suposições complicadas, com a ambição de provar para você que os alienígenas certamente controlam as armas nucleares. Você está sem fôlego, o iodo e a névoa marinha não o protegem da asfixia. Sua única certeza é de que você tem vértebras rígidas e uma dor de cabeça que não vai embora, e isso não é o resultado de nenhuma conspiração, mas de toda essa avalanche de palavras tóxicas. Na hora dos aperitivos, você tem uma visão de horror: a imagem de seus amigos viciados em canais de notícias continua, *flashes* de notícias, alertas de todos os tipos e pessoas que, sob o pretexto de se "manter informadas", ficam hipnotizadas com as telas, desenhando o retrato de uma civilização sofrida e perdida, e você está desarmado diante dela. Os copos brindam no ritmo de histórias agoniantes e viciantes que, em vez de despertar sua empatia, deixam você aflito, tornando sua felicidade impossível.

É importante dizer que, há algum tempo, você já criou o hábito de passar longe das bancas de jornal que exibem as manchetes na rua. Você prefere ficar contente com detalhes de uma fachada ou com a iluminação da entrada dos prédios. Você sente a necessidade de preservar sua estrutura psíquica, longe de telas hiperativas, notícias alarmistas e *tweets* apocalípticos. Você começou a desenvolver capacidades de um equilibrista das palavras, evitando qualquer discussão sobre assuntos muito midiáticos. Mas acredite, dessa vez, você baixou sua guarda.

Nesse sábado à noite, mergulhado num banho de notícias perpétuas, você permanece em silêncio, incapaz de explicar aos seus queridos amigos por que você não quer ser dominado pela preocupação e pelo estresse sem parecer um egoísta que só pensa em fugir. De repente, você está prestes a se arrepender dos engarrafamentos, das buzinas e do barulho do escapamento do seu carro, que, por sua tranquilidade silenciosa, era bem mais parecido com o que você desejava. Se você não encontrar uma estratégia inteligente para terminar o seu fim de semana, você vai acabar se escondendo em algum lugar até ele acabar.

E O QUE EPICURO TEM A DIZER SOBRE TUDO ISSO?

Quando falamos sobre o epicurismo, logo imaginamos a capa de um folheto com as atrações do verão. Louvando com orgulho a diversão, a recreação e até a libertinagem, Epicuro é conhecido, aos olhos da posteridade, como um guru da vida fácil e de todos os prazeres. Porém, apesar de sua reputação, devemos admitir que ser epicurista não tem nada a ver com a postura do *bon-vivant* que ama beber e comer demais. Por isso, apesar de o filósofo grego exercitar seu pensamento sentado em seu jardim e reunir um grupo heterogêneo de indivíduos, sua doutrina estava longe de ser um estilo de vida desavergonhado e sem limites. Pelo contrário, sua ambição era viver bem, não era viver de qualquer jeito.

Elegante, deitado em sua espreguiçadeira antiga, Epicuro procura definir não um conceito, mas um modo de vida. A sabedoria grega é uma arte que envolve todo o nosso ser. Praticar a filosofia não é colecionar conhecimento para parecer intelectual em jantares, nem se tornar um especialista em citações difíceis. Para os helenistas – Epicuro em particular –, a disciplina serve apenas para nos tornar melhores, para nos fazer progredir e, mais uma vez, permitir que sejamos felizes. Só que, segundo ele, ser feliz é acima de tudo ficar tranquilo. Ou seja, aproveitar o silêncio, o tempo, os amigos, os pensamentos, a natureza, sem ocupar sua mente à toa com catástrofes, confirmadas ou não, ou com alertas que só nos deixam ansiosos.

Para ele, a felicidade é definida pelo que não surge para alterá-la. A felicidade é não ter sofrimento no corpo, um estado chamado *aponia*, nem no espírito, o que chamamos de *ataraxia*. A tranquilidade do corpo (aponia) e a do espírito (ataraxia), são as duas passagens obrigatórias para nos sentirmos bem. Refletindo sobre o assunto, é muito difícil dizer se estamos no máximo de nossa alegria quando temos indigestão, ou quando temos uma crise de pânico pensando em uma possível conspiração marciana. A aponia e a ataraxia tornam-se o belo casal com quem queremos passar as férias. O problema é que, como todas as pessoas simpáticas e legais, elas nem sempre são fáceis de encontrar.

Mas, pensando na estratégia, para garantir o sucesso dos seus "planos de felicidade" perfeitos, Epicuro começa fazendo uma lista do que está no caminho dessa tão buscada paz. E, em primeiro lugar entre os desmancha-prazeres do dia, do fim de semana e da vida, ele imediatamente identifica o medo, em todas as suas variações: medo da fatalidade, medo da morte, medo do sofrimento emocional, medo de não ser feliz. Percebemos que, 2.300 anos depois, exceto por algumas nuances, ainda estamos nadando nas mesmas águas turbulentas, só que nossas ansiedades são amplificadas pelos exageros da mídia, e nossos medos são projetados em realidade aumentada. Então, como não se afogar? Epicuro é categórico: para sair dessas águas e manter a calma, precisamos primeiro reservar um tempo para refletir sobre nossos medos, observá-los, compreender sua origem e, por fim, separar aqueles que podemos evitar daqueles que devemos aceitar.

Epicuro tenta dividir as razões de nossas ansiedades em análises lógicas bem conectadas. O medo do destino é infundado, porque tudo é governado por fenômenos físicos, que, de qualquer modo, estão acima de nós. O medo da morte é inútil. Por um lado, porque, o que quer que aconteça, nós eventualmente morreremos, então, seria melhor admitir isso, em vez de nos torturarmos. Por outro lado, não podemos temer nada que vai acontecer quando não existirmos mais. Eventualmente, o sofrimento emocional vai diminuir e, nesse meio-tempo, é melhor lembrar os bons momentos. Resta o medo de não ser feliz, que concentra toda a sua atenção e, para isso, há um único plano de ação: ser menos dependente do mundo exterior, ficar satisfeito com pouco e poder desfrutar plenamente do prazer de existir.

Epicuro nos incentiva a apreciar cada partícula de felicidade, a saborear o que amamos, a aproveitar todas as oportunidades, como, por exemplo, passar dois dias em uma casa à beira-mar. A ambição é ser guiado por simples desejos e pelos gostos mais minimalistas da vida. É acreditar que, no pensamento, assim como na decoração, a serenidade repousa frequentemente no básico intemporal. Ao nos concentrarmos nas nossas necessidades reais, e não nas notícias que nos contam, o nosso jardim íntimo torna-se um palácio, e a aponia e a ataraxia comandam o lugar.

A partir dessa perspectiva, o que você pode explicar para

seus amigos é que essa avalanche de informações sórdidas e desconexas é um conjunto de problemas irrelevantes e poderia ter sido evitada. A efervescência da mídia causa medos que não têm fundamento, já que não podemos fazer nada em relação a eles. Não podemos resgatar um golfinho encalhado nem evitar um acidente de avião. Absorver essas informações não é ser altruísta, é permitir a presença de um mal adicional, que, em vez de nos tornar mais sensíveis, impede que nos concentremos na oportunidade que temos de existir, aqui e agora. Saber manter a distância, ter coragem de encurtar as discussões que nos angustiam, desligar o rádio e a TV, ou até mesmo desligar o telefone e o *tablet*, é dar a si mesmo a oportunidade de estar plenamente consciente do luxo de estar vivo.

Na próxima vez, durante uma refeição, quando seus amigos entrarem em uma discussão sobre um possível cenário dramático, não fique quieto, use as boas dicas de Epicuro e, em vez de se omitir, volte a focar a discussão em coisas que deixaram você feliz durante a semana.

UM POUCO MAIS SOBRE EPICURO
(342-270 a.C.)

Nascido em Samos, em 342 a.C., o jovem Epicuro ainda era adolescente quando começou a praticar a filosofia, em resposta a um de seus professores, que não havia respondido corretamente a suas perguntas sobre o caos. Com essa leve tendência a se rebelar, ele se formou como um aluno autodidata, levando uma vida simples, obcecado com a ideia de comer apenas o essencial. Estava muito longe da subversão do *bon-vivant*. Aos 35 anos, ele se mudou permanentemente para Atenas. Lá, comprou um jardim e o transformou em um centro de estudos. Professor amado e requisitado, ele trabalhava ativamente com seus alunos a física e a ideia de que tudo o que acontece conosco certamente não vem dos deuses, mas dos átomos, que caem e se unem de certa maneira. Autor prolixo, teria escrito mais de trezentas obras, das quais temos registro apenas em algumas correspondências. Sabemos que sua ética é baseada em uma única grande ideia, a de reduzir nossos medos e transformar a tranquilidade em um terreno fértil para uma vida feliz. Um programa que foi um marco e encontrou uma corrente de pensamento com influência considerável.

Leia para enfrentar a crise
Carta a Meneceu

Um verdadeiro guia prático para a felicidade. Epicuro escreveu uma carta ao seu jovem discípulo, e ela se tornou o resumo mais famoso de sua doutrina. Ele quer ser pedagogo e fornece um método com princípios que são sempre atuais.

Pílulas filosóficas
- A sabedoria é uma atitude cotidiana, não apenas algo reservado aos grandes pensadores.
- O que nos impede de ser felizes são nossos medos. Muitas vezes, eles são infundados.
- A felicidade é se concentrar nas coisas simples ao seu redor, aproveitando-as e sabendo celebrar o fato de que você existe.

PLATÃO E OS ENCONTROS ROMÂNTICOS

Ou as vertigens do amor

O coração acelerado, o formigamento no estômago, os pensamentos divagando na frente do computador, as promessas impossíveis, as noites em claro, os olhos fixos no celular, verificando se chegou alguma mensagem do *crush* etc. Você agiu dessa maneira várias vezes em encontros românticos, sem abalar sua convicção. Sua vida parece uma comédia romântica, só que sem final feliz e com roteiristas indecisos. Alguns dizem que você é uma daquelas pessoas apaixonadas pelo amor. Outros dizem que você é insuportável e que nunca vai se casar, por excesso de exigência ou por falta de qualidades pessoais. Digamos que tudo depende da relação entre você e seu interlocutor. Cada um dá a sua opinião, explicando que você se ilude tentando achar um príncipe encantado, que é incapaz de aceitar a realidade, ou que perde muito tempo com seus pais. Você ouve tudo e nem ousa expressar que essas afirmações são todas inválidas. Isso porque você sabe muito bem o que mexe com você.

Mesmo com as decepções amorosas, desde encontros rápidos a relacionamentos longos, o que mantém você de cabeça erguida é a esperança. Você está dominada pela esperança de que um dia a pessoa certa, aquela que nasceu para completar você, estará à sua frente. A luz da noite. Sua energia está enraizada no possível conteúdo de cada encontro, na incerteza que faz você querer conhecer mais o *crush* e, acima de tudo, imaginá-lo ao seu lado pelo resto da vida.

Foi esse impulso que fez você ir a esse encontro, combinado pela troca de algumas mensagens tímidas. O felizardo, que você escolheu do grupo de solteiros e que despertou seu sentimento de empatia, para não dizer dó, atende a um requisito habitual, já que é amigo de um amigo do seu primo esquisito. Obviamente, seus preparativos não deixaram nada ao acaso: você já tinha pensado na roupa que ia usar e também nos assuntos que poderia abordar. Você escolhe bem suas palavras, como se estivesse em uma entrevista de emprego, esperando conseguir um cargo mais elevado que o de estagiário. Essa pequena comédia faz você sorrir. Você observa com ternura a maneira como o *crush* se coloca no palco, naqueles momentos em que um descobre o outro, em que os dois são tomados pela curiosidade. Com gestos controlados, conversas sublimes e a doce tendência a disfarçar a realidade, ele diz que quase foi campeão de esqui quando, na verdade, mal consegue esquiar na pista mais fácil. Olhando para ele, você pensa no mecanismo da sedução, na vontade de despertar nos olhos dele uma fascinação típica de quem desembrulha um presente. Ao se aproximar do *crush*, você desacelera o passo, saboreando os poucos minutos antes do confronto, antes que o mistério se torne alguém de carne, osso e sentimentos.

E então, finalmente, o impacto, o beijo. Um pouco desconfortável, envergonhada por esse contato entre duas peles que não se conhecem mais do que seus donos, você se senta, um pouco desajeitada, dando uma gargalhada digna de uma série de comédia. Você escolhe um prato com nome sensual, mesmo sabendo que vai embrulhar seu estômago. Você murmura palavras vagas sobre a decoração, delirando com a originalidade das paredes, que têm um tom estranho de bege. Internamente, você está rezando para que a magia funcione e que as flechas do cupido tornem você irresistível. Você acalma sua mente. Concentra-se para detectar pontos de semelhança entre vocês dois, para encontrar os elementos que indiquem que ele é sua outra metade, alguma prova, você não pode perder essa oportunidade.

Você dá toda atenção às palavras dele. Só que a atenção é arriscada, pois nos torna mais concentrados em uma série de coisas que seria melhor não perceber. Então, apesar da empolgação, você acaba admitindo que o uso repetido de um termo, conhecido como tique verbal, é muito chato. Percebe que deixar de fazer perguntas, quando não se sabe nada sobre alguém, pode ser considerado uma forma aguda de egocentrismo. No entanto, você tenta ser compreensiva, considerando que a timidez às vezes nos faz cometer gafes. Mas, depois de três horas, depois de ouvi-lo contar em detalhes uma história sombria do campeonato de bumerangue, você está exausta. Você pega um drinque na esperança de ter forças para continuar. Apesar de fingir interesse, dizendo: "Ah, é mesmo? Que legal!", você não aguenta mais. Claramente, vocês não têm nada em comum. Seu sonho de formar um casal se transforma em decepção. A única metade que você vai formar com ele é na hora de rachar a conta.

Você até tenta se acostumar com ele, mas de repente

sente um cansaço imenso e imagina se tudo isso vale a pena. Você não está longe de se render, ou melhor, de deixar seu destino nas mãos de Afrodite, do cupido, e todos os representantes do amor. Seus amigos devem estar certos, você é ridícula, afogada em seu romantismo infantil. Mas, no caminho de volta, quando tudo indica que está seguindo rumo ao mosteiro das almas solitárias, você sente que uma chama estranha ainda se move em seu interior, e não é só por causa dos drinques tomados. Como é possível que, depois de um fracasso tão amargo, você ainda tenha esperanças de ficar cara a cara com seu futuro amor na próxima esquina? Você é completamente estúpida por continuar acreditando? Precisa de explicações que a confortem.

E O QUE PLATÃO TEM A DIZER SOBRE TUDO ISSO?

É difícil imaginar que alguém cujo nome é tão associado ao amor platônico e livre de aventuras sensuais possa nos ajudar a legitimar as paixões de uma noite e as tentativas de formar casais. No entanto, Platão nos oferece uma história libertadora, que torna a busca pelo amor uma ambição mais do que legítima.

Em seu livro *O banquete*, o filósofo ambienta seu diálogo com uma refeição animada, reunindo oito figuras da alta sociedade grega. Assim, em plena refeição, começa uma reflexão sobre relacionamentos amorosos e o amor. Por meio das palavras do poeta Aristófanes, o público aprende como os homens viviam em tempos muito antigos. O poeta conta que, na época, havia três tipos de seres humanos. Os homens, as mulheres e os andróginos. Todos eram seres esféricos dotados de quatro braços, quatro pernas e dois sexos, que evoluíam em total felicidade, preenchidos com a própria completude.

Orgulhosas dessa sensação de perfeição, e sem sentir falta de nada, essas estranhas bolas queriam ir para o céu, para competirem com os deuses, ou mesmo tomarem o lugar deles. Ao ver que elas subiam até o seu reino, Zeus ficou furioso. Em crise de raiva, logo pensou em retaliação, em destruir completamente a raça humana. Porém, imaginando que não haveria ninguém para homenageá-lo se os homens desaparecessem, ele decidiu cortá-los em dois, mantendo dois braços, duas pernas e um sexo de cada lado. Então, pediu a Apolo, Deus da beleza, que virasse o rosto deles, costurasse o ventre e o umbigo, para que ficassem um pouco mais apresentáveis, e que suas cicatrizes lembrassem que não devemos ser pretensiosos demais. Assim foi o fim das bolas poderosas que rolavam em sua arrogância. Os seres primitivos eram mais numerosos, mas também estavam terrivelmente enfraquecidos e, acima de tudo, perturbados pela ausência de sua metade. O mito destacado por Platão termina com a imagem desses seres, agora condenados a vagar em busca de sua alma gêmea.

Essa meia esfera em busca da reunificação somos nós quando esperamos um encontro amoroso. Para Platão, foi nessa época distante que ocorreu, nos indivíduos, a implantação do amor. No mito de Aristófanes, é mais que um sentimento ou um impulso romântico, é uma sensação que nos faz sentir "completos". Com o mito de Aristófanes, Platão quer nos fazer entender que *eros*, amor em grego, é aquela força que reúne as partes de nossa antiga natureza, que tenta tornar dois seres em um só, diminuindo nosso desespero de estar separados. Cada um de nós é a metade que complementa uma outra pessoa. Como esse desejo de totalidade está gravado em nós, continuamos correndo atrás e nenhuma decepção pode destruir a esperança de alcançá-la. Enquanto não encontrarmos essa alma gêmea, continuaremos a procurá-la, em sites de relacionamento, em casamentos de amigos, em qualquer lugar, nossos esforços se concentrarão na busca dessa metade perdida, correndo o risco de tentar, fracassar e, com certeza, fracassar de novo. Você pode até se sentir abatido às vezes, mas sempre estará invadido por esse maravilhoso desejo de encontrar aquela pessoa que, mulher ou homem, dará a você a sensação de estar finalmente reconstituído, em paz consigo mesmo.

Da próxima vez que seu primo esquisito quiser lhe apresentar alguém, não se sinta estúpido por estar entusiasmado demais e não dar ouvidos aos seus amigos. Pelo contrário, prepare suas respostas e sua melhor roupa. E lembre-se: é nessa esperança invencível que se esconde a possibilidade de encontrar o que um dia perdemos. Você não é ridículo, é apenas platonista.

Um pouco mais sobre Platão
(427-348 a.C.)

Nascido em Atenas, em 427 a.C., Platão recebeu uma educação digna de sua origem social, bastante aristocrática. Discípulo de Sócrates, decidiu escrever diálogos colocando constantemente em cena seu mestre pensador, que se recusava a escrever. Essa forma particular de filosofia parecia propícia à reflexão do leitor, que era forçado a aceitar as perguntas que lhe eram feitas de forma quase interativa e, sobretudo, muito dinâmica. Todos os assuntos eram discutidos, da política ao amor, por meio de inúmeros mitos, muitas vezes mostrando a distinção entre o mundo sensível, composto pelas coisas que vemos, e o mundo das Ideias. Permanecendo na Sicília, durante o reinado de Dionísio I, ele finalmente escapou dos hábitos da corte. Ele fugiu em um barco e, preso em uma tempestade, fez uma parada na ilha de Égina, onde foi vendido como escravo, depois foi liberto graças a um amigo. Platão fundou uma escola, a Academia, na qual Aristóteles lecionava, e tornou-se um seguidor da filosofia.

Leia para enfrentar a crise
O banquete

Durante uma grande refeição, Sócrates e os outros convidados decidem realizar uma discussão para tentar definir o que é o amor.

Pílulas filosóficas
- O amor é o sentimento que experimentamos quando encontramos a nossa metade, ou seja, a pessoa que nos faz sentir completos e em paz.
- O desejo é o que nos permite continuar essa busca da alma gêmea.
- A esperança não é em vão, é ela que permite que não desistamos e continuemos a buscar a pessoa que nos completa.

ASSIM COMO PASCAL, TODOS MORREM NO FINAL

Ou aprender a congelar o tempo

Que você se lembre: você nunca chegou na hora certa, sempre se atrasava ou chegava cedo demais. Você se sentia o mestre do tempo: podia acelerá-lo ou atrasá-lo conforme achasse melhor, de acordo com suas necessidades. Ao ouvir as pessoas angustiadas ao seu redor falando sobre os anos que passavam e as rugas da idade, você não ficava preocupado. Você não tinha medo de envelhecer, porque achava que também podia controlar isso. Seus cabelos ficariam brancos quando você quisesse, e isso não estava nos seus planos. Você usava os mesmos tênis de quando tinha 15 anos, saía para lugares cada vez mais legais e sua juventude era eterna.

Você conseguiu até fazer cara de paisagem quando, na recepção do hotel, antes de ir trabalhar, escreveu suas iniciais no campo "data", em vez de colocá-las no campo "assinatura" no formulário de *check-in*. Um erro por descuido, causado pelo estresse profissional da estadia. Na semana seguinte, você culpou o tamanho do texto, um gesto quase incompreensível, porque não conseguia ler as legendas de um maravilhoso filme lituano. Algumas semanas depois, você decidiu ir ao médico porque não tinha reconhecido seu amigo acenando para você do outro lado da rua. O excesso de trabalho, com certeza. Você não estava preocupado, mas um pouco surpreso com essa sucessão de pequenos fracassos. O lembrete de que você precisava reservar um fim de semana de descanso em sua agenda. Você veria isso mais tarde. Por enquanto, você tinha que seguir em frente, porque estava muito ocupado.

E então, certa manhã, a verdade se revelou, chocante de crueldade. Sentado diante de sua escrivaninha, você não conseguia nem ler seus e-mails. Sua visão, que sempre tinha sido digna da de um piloto de avião, estava causando uma catástrofe. Não dava mais para inventar desculpas, por melhores que fossem, para camuflar o óbvio impensável: você precisava usar óculos, porque a sua visão, com o passar dos anos, teve a indecência de falhar. Você ficou chocado. Entrou num estágio de negação. Como isso pôde acontecer com você? Você se lembrou de seus pais, que quase sempre esqueciam os óculos na mesinha de centro ou no porta-luvas e, cansados, pediam que você lesse o cardápio para eles. Também pensou em sua professora do primário, um pouco severa demais para o seu gosto, mas severa o bastante para sentir um prazer maléfico em ocultar seu campo de visão. Esses problemas não podiam estar acontecendo na sua idade. Você mal tinha saído da adolescência.

Claro, a verdade era insuportável, então você logo considerou o uso de lentes de contato, uma camuflagem socialmente aceita e psicologicamente tolerável. Na tentativa de se acostumar com a ideia traumatizante, você colocava o dedo nos olhos todas as manhãs. Até que, finalmente, teve uma alergia e entendeu que, de qualquer forma, o problema não estava na armação dos óculos, mas na ideia de que talvez estivesse precisando de uma prótese. Conclusão, você resolveu ir ao oftalmologista, com a sensação de que ele ia lhe oferecer um atestado de óbito. Parecia que você estava pregado ali. Aqueles óculos tiravam seu poder, eram um atestado de sua incapacidade de gerenciar sua agenda pessoal: você, que sempre surfou nas idades da vida definindo seu próprio ritmo. O tempo estava traindo você, fugindo de você.

Desde então, você não está mais confortável em seus tênis esportivos, mesmo sabendo que o modelo é o mesmo. Essa armação em seu nariz obriga você a contemplar o passar dos anos, que está diante de seus olhos. Chegando atrasado, você percebe que está frente a frente com o seu declínio imprevisível. Você, que sempre foi impaciente, agora quer desacelerar este tempo que não consegue mais domar. De repente, você se sente velho, fraco e fracassado. Começou a examinar as menores rugas, observando com a atenção de um geólogo todas as rachaduras na superfície da pele. Não quer mais sair de casa, o passado deixa você nostálgico, o futuro não parece mais promissor, e você não entende mais nada do seu filme. O que aconteceu com você? Será que o tempo está se vingando por você ter brincado demais com ele? Alguém precisa ajustar os ponteiros de seu relógio biológico. É urgente.

E o que Pascal tem a dizer sobre tudo isso?

Aos 19 anos, Blaise Pascal inventou uma máquina de calcular capaz de somar e subtrair, simplesmente mudando a posição de suas engrenagens. Então, obviamente, não foi muito complexo para ele substituir os números por anos e nos ajudar a organizar com um pouco mais de clareza nossa agenda pessoal. Em seus *Pensamentos*, o relacionamento que o homem tem com o tempo ocupa um lugar especial.

Sua declaração foi um marco, os homens não vivem no momento presente. Conseguimos lembrar o passado ou construir um plano de conquista para o futuro, mas abandonamos o momento presente com uma facilidade desconcertante, como se viver o presente fosse realmente destinado àqueles que não têm nada a fazer. A partir daí, passamos nossos dias atrasados ou adiantados. Nós nunca estamos no agora. Somos incapazes de considerar cada momento como ele é, mas choramos quando vemos rugas no rosto ou quando precisamos de óculos, coisas que surgem para nos lembrar que o agora deveria ser saboreado. Para corrigir essa tendência, precisamos primeiro entender o que nos aflige tanto. Por que queremos tanto fugir do momento presente? O filósofo francês desmonta nosso mecanismo interno na esperança de encontrar o grão de areia que se infiltra em nossas engrenagens.

Em primeiro lugar, Pascal pesquisa o lado do desejo. De fato, queremos muito viver coisas incríveis, depositamos tanta esperança na maioria dos nossos projetos que, quando se tornam realidade, eles muitas vezes parecem decepcionantes em comparação com a intensidade do nosso desejo. É como passar meses preparando uma surpresa e depois perceber que ela não saiu como esperado. O momento presente nos deixa um pouco de lado, com uma impressão de frustração. Para aguentá-la, preferimos mudar e pensar em novas perspectivas, criando uma ilusão de diversão permanente. Aceleramos o ritmo e avançamos no tempo, longe do presente que nos decepciona. Apressamos a vida cotidiana para não insistirmos muito em sua mediocridade e em nosso desejo ferido. A ideia é voltar a sermos protagonistas do nosso destino.

Aqui, rejeitamos o presente porque achamos que ele é frustrante, mas Pascal apresenta outro caso, tão comum quanto o primeiro. É quando descobrimos que o momento vivido é lindo demais, perfeito demais, que a surpresa sai exatamente conforme o esperado. Pouco provável, porque, quando o desejo é preenchido, ele é tão complexo de sentir como o desejo ferido. Pascal enfatiza como a natureza humana é caprichosa. Quando tudo está bem, queremos "congelar" essa felicidade, essa plenitude, só que, como isso é impossível para nós, somos consumidos por essa ideia e, em vez de desfrutar, vivemos preocupados com o tempo que não para. Não conseguimos desfrutar da nossa vida feliz, porque nos sentimos impotentes contra a ampulheta, e já sabemos o fim da história.

Resumindo, estamos infinitamente chateados. O tempo presente, seja frustrante ou belo, torna-se a fonte de todo nosso sofrimento. O problema é que tal atitude nos leva a não ter mais nenhum amparo na realidade. Não sabemos quem somos, o que estamos vivendo ou quantos anos temos. Sem referência ou consciência dos estágios que compõem a nossa existência, um par de óculos se torna um lembrete, um registro bastante desagradável e angustiante dessa realidade imediata da qual adoraríamos fugir. Então o que fazer? Concordar em se afogar na hiperatividade ou se preparar para um funeral? Felizmente, Pascal tem outra opção.

O mais importante no tempo é que ele passa, mas permanece o mesmo. Portanto, nunca estamos atrasados demais para mudar de atitude em relação a ele, e é exatamente isso que Pascal propõe. Como todos acabam morrendo, não faz sentido lutar, colocar toda a nossa energia em nossas ações imediatas. Nós não controlamos o tempo, mas controlamos nosso modo de viver. Não podemos evitar o fato de ter de usar óculos, mas podemos enfrentar o que estamos vivendo. Por exemplo, se o momento atual é frustrante, não tem problema, vamos torná-lo mais emocionante. Por outro lado, se ele é feliz demais, vamos parar por um momento para contemplá-lo, deixar essa alegria se espalhar em nós. Envelhecer é justamente ser capaz de nos ajustar, aceitar que não podemos controlar o tempo, mas que podemos controlar nossas ações. No fim das contas, é perceber que chegou a hora de fazer uma cirurgia plástica no momento presente, não em nós mesmos, e injetar botox em suas falhas. Portanto, não fique desesperado. Pelo contrário, escolha uma linda armação, coloque seus óculos, porque você está finalmente pronto para abandonar a visão embaçada e contemplar, com total clareza, os maravilhosos contornos da realidade.

Um pouco mais sobre Pascal
(1623-1662)

Nascido em Clermont-Ferrand, na França, em 1623, Pascal foi o que se costuma chamar de uma criança prodígio. Incentivado pelo pai, ele estudou um pouco de tudo, incluindo ciências naturais e matemática, que se tornaria sua maior paixão antes de se aprofundar no cristianismo. Inventor da máquina de calcular e precursor no campo da probabilidade, quando tinha 30 anos, todos esses números lhe subiram à cabeça, e ele passou por uma profunda crise existencial, acompanhada de visões. Esse episódio o levou a focar na religião e a iniciar sua reflexão filosófica com a ideia de que o homem é um personagem muito sombrio e que só pode encontrar a paz interior e a verdadeira felicidade reconectando-se com Deus. Sua saúde era muito frágil, levando-o a viver em sofrimento permanente, o que atrasava constantemente sua escrita. Seus dois principais trabalhos foram finalmente publicados logo após sua morte, tão precoce quanto sua inteligência.

Leia para enfrentar a crise
Pensamentos

Privado de um sentimento religioso, o homem passa o seu tempo se divertindo para esquecer que sua vida é triste, quando, na verdade, é tomando o caminho da espiritualidade que ele terá paz e seguirá o caminho da felicidade.

> **Pílulas filosóficas**
> - Não conseguimos viver o tempo presente por medo de nos decepcionar ou de que ele passe rápido demais, e, de repente, o tempo passa e nem percebemos.
> - O presente não deve nos assustar, porque é nele que vivemos a vida.
> - Envelhecer é uma coisa boa porque, com a idade, aprendemos a ser ativos no momento presente e a usufruir dele.

LEVINAS É O MELHOR REMÉDIO

Ou a crise do adolescente *vs*. a crise do outro

Você tinha guardado aquilo com o maior cuidado, em um canto da sua gaveta. O tipo de amuleto que encontramos ao procurarmos um grampeador na escrivaninha. Cada vez que isso acontecia, você ficava paralisado por um tempo, os olhos tremendo de ternura, você acariciava a pulseira às pressas e contemplava o amuleto como se olhasse uma tela de filme que projetava imagens do passado. Essa pulseira de nascimento não deixava você nostálgico, apenas o transportava de volta para outra época, uma época em que seus dias se desdobravam sob a melodia inebriante dos passeios de carrossel, em que suas únicas tristezas eram bolas de sorvetes de chocolate caídas no chão ou bichinhos de pelúcia perdidos.

Você sempre amou crianças. Antes mesmo de ter filhos, você era o primeiro a desfrutar de um jogo de tabuleiro com crianças e o último a pedir que saíssem da piscina. Você havia lido dezenas de livros sobre pedagogia, assumindo opiniões apaixonadas em relação ao uso de *tablets* e videogames. Você era o pai simpático e responsável que todos admiram na saída da escola, aquele que leva os filhos para andar de skate e que continua intransigente na gentileza. Você aplaudia todas as performances deles ao pé da cama, na hora de dormir. Muitas vezes, eles eram tão incríveis quanto a Celine Dion depois de tomar LSD e subir ao palco, mas você nunca deixou de incentivá-los. Você não olhava nenhuma vez para o relógio nem bocejava ao contar uma história. Você se tornou especialista em festas de aniversário, *expert* em atividades extracurriculares e técnico em barracas de jardim. Ou seja, a infância era o seu reino, e os seus queridos filhos eram agradáveis e dóceis.

Os anos tinham se passado com tanta velocidade quanto as brincadeiras no parquinho e, para os outros, você parecia um consultor de cuidados infantis. Para você, as crianças não eram os monstros mimados que as pessoas quase sempre descreviam, mas indivíduos adoráveis e fáceis de agradar. Apesar de você ir com menos frequência buscá-los na porta da casa deles, o laço parecia intacto. Só porque eles haviam feito duas ou três perguntas sobre sua roupa, que eles achavam "jovem" demais para você. Você se sentia protegido pelo conflito de gerações que estava sendo desconstruído nos programas de tevê.

Naquela noite, foi com certa perplexidade, disfarçada de leve incredulidade, que você entrou no seu apartamento. Mesmo cansado da viagem, você percebeu que algo estava errado com a sua cozinha. Você tinha sido roubado? Estava no apartamento errado? Seus olhos metódicos reuniram provas e tentaram montar uma narrativa coerente, para entender por que havia uma meia jogada na bancada de mármore, ao lado de um pote de catchup caído, um secador de cabelo ainda ligado, um pacote de salgadinhos de cebola e salsa e uma pilha de fotos tiradas com uma Polaroid. A pia estava cheia, com uma pilha de louça suja. Quanto ao sofá na sala de estar, parecia um guarda-roupa. Você ainda estava imerso em seus questionamentos quando, de repente, viu uma pessoa de cerca de um metro e setenta e dois de altura, perguntando em um tom nada gentil:

"Por que você voltou pra casa tão cedo? E por que escondeu meu carregador de celular? Você não cansa de estragar minha vida?"

Quem é essa pessoa? O que aconteceu com aquela criança fofinha que usava capuz com orelhas de panda? Será que você parou no tempo? Você já é pai de um adolescente. Quanto tempo durou o seu congresso na terra da negação?

Como um pai atento, você leu coisas sobre os adolescentes, sobre sua necessidade de liberdade e de oposição, você admitiu que o princípio da infância era crescer. Você até começou a se comunicar em linguagem de mensagens de texto, usando unicórnios multicoloridos para expressar seu contentamento. Mas, desta vez, esse processo está fora de seu controle, é do tamanho de um tornado ao qual nenhum *emoji* corresponde. Porque, de acordo com você, não é uma criança que está em seu apartamento, não é um adolescente com crise hormonal, é simplesmente um estranho. Um completo desconhecido, cujo dialeto é composto de "pode pá" intercalado com um "tá de zoas", pronunciado com a cabeça enfiada nas almofadas do sofá. Você não entende mais o seu filho.

Desde que você admitiu a situação, você está em choque. O pai conselheiro que você era parece estar desempregado. Como um antropólogo que descobre uma tribo amazônica, você observa o adolescente que sai de seu apartamento. Você não tem a menor ideia de como entrar em contato com ele, os jogos de tabuleiro não são mais suficientes para vocês se tornarem cúmplices. Você tenta seguir suas tendências de vestimenta e de ideologias, procurando encontrar um universo que vocês poderiam compartilhar. Mas, quando você finalmente entendeu que usar uma bermuda três vezes maior era uma decisão consciente, e não um erro, ele já tinha outras referências, preferia rasgar seus jeans, tão bem cuidados, e só usava camisetas com a estampa "Sem futuro".

Você queria lutar contra os clichês, mas seu anjinho se tornou um demônio, um enigma impossível de resolver. E, depois que ele disse que você era o pior pai da galáxia e que era uma vergonha para ele, você ficou em dúvida se o estrangulava com a pulseira de nascimento ou se também usava uma camiseta "Sem futuro". Porque, nas condições atuais, o futuro da relação entre vocês parece bastante comprometido.

E O QUE LEVINAS TEM A DIZER SOBRE TUDO ISSO?

É pouco provável que Emmanuel Levinas tenha sido um adolescente rebelde, achando que seus pais eram grandes canastrões, desprovidos de qualquer capacidade de compaixão. No entanto, suas reflexões sobre a moralidade parecem particularmente adaptadas à situação, porque a ambição de seu pensamento é perguntar a si mesmo qual atitude adotar em relação aos indivíduos que não compreendemos mais. E, em matéria de incompreensão, os adolescentes continuam sendo os campeões em todas as categorias.

Ao longo de sua obra, Levinas segue a mesma linha, um conceito essencial em seu trabalho, o conceito do *Outro*. Com esse termo – ao mesmo tempo muito comum e, para ele, profundamente filosófico –, ele qualifica a pessoa que está à nossa frente e tem a ideia de não ser como nós. O *Outro* é aquele cujos pensamentos não podemos adivinhar, aquele que nos irrita porque foge de nós, aquele que amamos odiar, aquele que nos contradiz, enfim, aquele que é diferente de nós, simplesmente porque o *Outro* não somos nós. Dependendo da ocasião, o *Outro* pode designar nossos pais, nosso cônjuge, um homem no metrô, nosso chefe, o vizinho do outro lado da rua, mas também, e de modo mais relevante, o adolescente que mora em nosso apartamento.

Levinas expressa todo o paradoxo de nossas relações com uma lucidez característica de sua filosofia. Esse *Outro* é insuportável para nós. Ele nunca reage como gostaríamos, ele não tem os mesmos gostos que nós, parece estranho, um desconhecido para nós e, no entanto, o mais surpreendente: sempre buscamos sua presença. Somos fascinados pelo *Outro* e, em vez da indiferença – que seria uma resposta eficaz para o nosso aborrecimento –, tentamos fazer o possível para que ele nunca fique longe. Queremos entender a todo custo como ele opera, nós o rodeamos, e notamos indícios de sua personalidade com uma precisão cada vez maior.

Aplicada ao adolescente, a certeza dessa contradição assume toda a sua dimensão. Em vez de deixá-lo falar mal de nós jogando videogames, uma mão no controle e a outra no celular, confiantes de que seus hormônios acabarão se regulando, passamos o tempo a persegui-lo e, ao mesmo tempo, ficamos paralisados com a ideia de que o sangue do nosso sangue não é como nós. O problema é que aprender suas gírias, tentar apreciar sua música ou, pelo contrário, fazer de tudo para que ele descubra nosso amor pela leitura, nada adianta. Nenhuma ação, nenhuma atividade, nenhum conhecimento, nenhum livro pode apagar a dificuldade dessa relação. O *Outro* permanece um enigma insondável que, além de tudo, nos olha com desprezo. E isso é bom.

Pois é aí que entra o remédio de Levinas. Isso faz desse impasse uma verdadeira festa, que dá um futuro ao relacionamento. O *Outro* não tem nada a ver conosco, por isso, ele é instigante e acaba dando sentido à nossa própria vida. E ele é tão essencial justamente porque olhar para ele provoca reações em nossa mente e nosso corpo. Nós não entendemos o *Outro*, é verdade, mas aprendemos a nos conhecer olhando para ele e percebendo o que nos faz reagir a ele. Nosso "eu" é atraído pelo rosto, pelos olhos e pela fala desse ser estranho cujo comportamento nos intriga, nos incomoda, nos escapa. Finalmente, é observando nosso filho adolescente e sua desordem que descobrimos coisas sobre nós. Se estivéssemos sozinhos, certamente ganharíamos tranquilidade e organização no apartamento, mas não teríamos a chance de evoluir, de pensar, de nos superar.

No final, o *Outro* é tão fascinante para nós que estamos prontos para deixar nossa raiva de lado para cuidar dele. É como se, precisamente, sua diferença despertasse em nós uma incrível simpatia e um grande sentimento de responsabilidade. Enfim, assim como aponta Levinas, uma ética. Por isso, com certeza, mesmo cansados da linguagem onomatopeica de nosso filho adolescente quase sonolento, continuaremos nos certificando de que ele voltou da festa na casa dos amigos cujo telefone ele não quis informar, e de que seu cobertor seja tão macio como quando ele era bebê.

Com os adolescentes, fazemos a experiência radical da alteridade. Não há necessidade de entendê-los para nos sentirmos fatalmente responsáveis. Mas isso é válido para todos os nossos relacionamentos. Quaisquer que sejam as crises, a ingratidão e as mudanças, a exigência é a mesma: mostrar ao *Outro* que estamos à sua disposição, mesmo na assimetria, ainda que às vezes tenhamos a impressão de que não recebemos nada em troca. E então, ao receber a sua empatia e o seu amor, num futuro feliz, ele aceitará jogar novamente com você.

UM POUCO MAIS SOBRE LEVINAS
(1906-1995)

Nascido na Lituânia em 1906, Emmanuel Levinas recebeu uma educação bastante influenciada pela religião judaica. Com isso, ele sentia um grande amor pelos questionamentos e pelo raciocínio, muito maior do que pelas respostas. Durante seu exílio na Ucrânia, ele conheceu e se encantou com a literatura russa, e Dostoiévski tinha um lugar especial em seu pensamento. Em 1923, ele começou a estudar filosofia em Estrasburgo, dominando cada idioma para entender suas peculiaridades. Depois de uma visita à Alemanha, onde ele conheceu Heidegger, naturalizou-se francês em 1930 e morou em Paris por alguns anos, antes de ser capturado e feito prisioneiro de guerra em um campo de concentração alemão por cinco anos. Ele ficou abalado por ter cruzado as profundezas do sofrimento humano, mas, depois de 1945, isso lhe deu a oportunidade de afirmar com mais convicção a necessidade de estender a mão para o *Outro*, de fazer a moralidade se apoiar na ausência de indiferença. Sua filosofia é uma ética altruísta, na qual cada um de nós deve se sentir responsável pelo *Outro*. Essa posição sem precedentes na filosofia contemporânea faz dele um grande filósofo, mesmo depois de sua morte em 1995.

Leia para enfrentar a crise
Totalidade e Infinito

Foi em 1963 que Levinas finalmente publicou sua tese, escrita alguns anos antes. Com uma linguagem exigente, às vezes baseada em escolhas de palavras arriscadas, ele explica que somente por meio dos outros é possível encontrar o infinito. Mas, acima de tudo, ele denuncia, com uma intensidade rara na filosofia, o absurdo do ódio, e evoca a importância de olhar para o *Outro*, para cuidar dele, mesmo que ele seja um estranho para nós.

> **Pílulas filosóficas**
> • Os outros sempre parecem estranhos para nós, ainda mais os adolescentes, simplesmente porque eles não agem como nós.
> • É justamente por serem diferentes de nós que os outros nos ensinam coisas sobre nós.
> • A moral é ser capaz de cuidar dos adolescentes com empatia e ser responsáveis por eles, mesmo que eles não nos deem nada em troca.

HEIDEGGER E A RAÇÃO
Ou sobreviver à morte do seu cão

Você estava ali quase por acaso, só para acompanhar seu amigo. Como nas histórias em que vamos incentivar o namorado que participa de um *casting*, mas o diretor acaba nos escolhendo para o papel principal. É exatamente disso que se trata: ele escolheu você, que ficou sem possibilidades de fuga. No fundo de uma gaiola sórdida, naquele canil escuro, os grandes olhos negros dele pareciam revólveres. Ele acertou você com o olhar fuzilante. As patas um pouco para trás, ele estava esperando por você, já expressando sua fidelidade irreprimível.

No entanto, você sempre disse que não queria um cachorro. Você não estava lá para isso. Você estava bem consciente de que, com um animal, mais do que sua presença, seriam as obrigações permanentes que lhe fariam companhia. Mas, naquela manhã, apesar de toda a sua relutância, você não teve outra escolha, ele tinha que viver em seus braços e lamber sua vida. Você tinha voltado para casa, sem entender direito as consequências da presença dessa fofurinha abafada em um cobertor. Sua família ficou um pouco surpresa, mas você explicou que era apenas por algumas semanas, sabendo perfeitamente que essas "poucas semanas" durariam toda a vida.

Sem ouvir o conselho de sua família, que deu dicas de nomes ridículos que, na sua opinião, eram um insulto à raça canina, você decidiu chamá-lo de Gustavo. Um nome forte que você deu para lhe garantir plena dignidade em seu reino, ou seja, em casa. Em pouco tempo, ele invadiu cada centímetro do seu apartamento. Foi assim, com algumas lambidas carinhosamente acompanhadas de saliva, que vocês começaram seu caminho em comum.

Gustavo demonstrou habilidade para assumir o papel de parceiro, dando seu toque singular e perfumado a cada momento. De manhã, ao ritmo da forte respiração do cãozinho, você abria os olhos, sempre surpreso com a assimetria de sua flexibilidade. Ele, rolando freneticamente na sua cama, com a cabeça perto do rabo, e tentando modestamente fazer você se sentar. Ele seguia você durante os seus passeios de bicicleta e durante o seu mergulho de verão, com o ar de entusiasmo de um atleta que nunca está satisfeito. Muitas vezes, ele balançava as orelhas, destacando sua função de interlocutor privilegiado, com uma qualidade de audição encantadora, tanto que ele parecia entender seus dilemas mais dolorosos. Em várias circunstâncias, ele tinha sido seu grande aliado: sua necessidade de passeios regulares permitia que você fugisse quando quisesse de almoços muito longos, de conversas entediantes ou do trabalho a ser feito. Ele era um pretexto invencível, que atraía afinidade, piscadelas e curtidas em suas fotos nas redes sociais, nas quais você publicava as travessuras dele.

É claro que você não se livrou de todas as obrigações. Uma das coisas que você mais odiava provavelmente era levá-lo para passear de manhã e à noite, debaixo de sol ou de chuva. No tempo chuvoso, o cheiro de pelo molhado da casinha do cachorro, misturado com o aroma de ração, despertou em você uma vontade imensa de desinfetar toda a casa. Morando com ele, você aprendeu a aperfeiçoar suas habilidades de negociação. Logo você, que passava os verões garantindo aos donos do hotel que, com certeza, seu cãozinho tinha sido muito bem educado, e assumindo o papel de pai, meio arrependido, meio abalado, ao mostrar as pegadas enlameadas no tapete bege dos corredores.

Você chegou a se humilhar, atravessando a cidade de norte a sul para encontrar o brinquedo favorito dele, perdido perto de uma rodovia. Basicamente, você muitas vezes tinha vontade de gritar com ele, de tanto que suas travessuras acabavam com a preciosa harmonia da sua sala de estar. De tempos em tempos, você ameaçava se livrar dele. Mas ele era indispensável para você.

E então, numa manhã de outono, em que você estava esperando que ele pulasse na sua cama e infestasse de ácaros seu lençol de seda, ele demorou muito mais do que o normal. Você o encontrou encolhido naquela maldita casinha. A orelha amorfa virada para um lado, e os olhos, que eram tão vivos, de repente tinham se tornado um abismo de cansaço. O veterinário, que nem se importou com seu comentário sobre a ração, logo proferiu um veredicto sem apelação. Gustavo estava extremamente doente. Você se recusou a ouvir isso, confiante na energia do seu ajudante, convencido de que ele ficaria com você por toda a vida.

O diagnóstico não podia estar certo. Você consultou vários especialistas, testando tratamentos tão loucos quanto sua negação. Mas sua esperança não foi suficiente para curá-lo. E hoje, apesar de sua determinação inabalável, de suas artimanhas para fazê-lo engolir remédios escondidos no miolo de pão e das noites que você passou lendo sites de animais de estimação, ele se foi. Adeus ao focinho molhado, aos rosnados, aos olhares inquietos que distraíam você. Seu apartamento está repleto de um vazio insuportável. Com a morte do seu cãozinho, seu aliado, você está sozinho, diante da vertigem de um vazio sem latido algum.

E O QUE HEIDEGGER TEM A DIZER SOBRE TUDO ISSO?

Heidegger, cujo pensamento é profundamente marcado pela preocupação, pela ansiedade e pela questão do ser, não combina muito com a temática da ração canina. Pelo contrário, um dos pontos fortes de sua reflexão é mostrar que passamos boa parte de nossa vida perdidos com a banalidade cotidiana, a futilidade e a fofoca. É a partir dessa observação que Heidegger nos ajudará a restaurar a ordem em nossa realidade e nos permitirá encontrar autenticidade e sentido, mesmo por meio de eventos tão traumatizantes como a morte de nosso cãozinho. Isso porque, precisamente em sua filosofia, a morte tem um lugar de escolha. A perda do nosso animal de estimação nos dá a oportunidade de abordar seus ensinamentos.

O que ele nos oferece é a possibilidade de transformar nossa tristeza em uma oportunidade de compreender melhor o nosso ser e de entender para onde nossa existência está indo. Mas, para isso, ainda é necessário aceitar que devemos enfrentar a morte. No entanto, o que incomodava Heidegger é que, no senso comum, a morte é um acidente corriqueiro, um evento normal, algo que não precisamos abordar porque, de qualquer forma, acontecerá com todos nós. Melhor focar no inútil, no fútil, do que se ater ao nosso fim, pois não podemos fazer nada a respeito.

Quando a morte é apenas um conceito distante, um conceito indeterminado com validade completamente imprecisa, ou uma caveira estampada em uma camiseta, é fácil ignorá-la. Ela só nos preocupa a distância. Nós morremos, mas este "nós" não é ninguém em particular. Podemos sair em busca de nossas necessidades familiares, profissionais e sociais, sem medo, e permanecer totalmente despreocupados.

É, mas agora, diante da casinha de cachorro vazia, esse "nós", que era tão distante, assume um significado completamente diferente. A morte se torna ausência de carinho e ternura. É impossível ignorá-la. Ela nos atinge violentamente, nos tira das garras da insignificância. E, por fim, é neste momento, quando não podemos mais evitar a morte, que experimentamos mais o que Heidegger chama de *Dasein*,[1] que é o nosso ser. Uma palavra estranha para falar sobre nossa pessoa, sobre o que nos torna únicos. Longe de ser uma tragédia, essa morte que surge em nosso apartamento é o ponto de partida para uma vida mais autêntica, na qual deixamos de nos afogar em mil atividades, de ter preocupações sem cabimento, de ser atormentados por falsas obrigações, desde pegadas no tapete bege a cenouras de plástico.

Para Heidegger, nosso *Dasein* é dividido em muitas facetas, incluindo aquela que nos torna "seres para a morte". Mais uma expressão sofisticada que significa que somos indivíduos destinados a morrer. Pode não ser uma frase muito feliz, mas Heidegger a expressa sem conotações negativas: ele só quer mostrar que a morte é parte da nossa realidade humana. Ao tentar escapar da morte e escondê-la com nossa indiferença, queremos fugir da nossa própria natureza.

---

[1] Palavra de origem alemã. "Da" significa "aí" e "sein" significa "ser". (N. T.)

Recusar-se a pensar na morte é recusar a ansiedade fundamental que nos caracteriza, aquela que diz que a vida um dia terminará. Aceitá-la e aprender a pensar nela, por meio da morte de nosso cachorro, é, pelo contrário, compreender a nós mesmos, devolver a nosso cotidiano seu sentido autêntico, admitir que nosso fim é inevitável e que ele é, portanto, o próprio núcleo da vida. Assim que um homem nasce, ele tem idade suficiente para morrer. Isso é válido tanto para seres humanos quanto para os cachorros.

Para Heidegger, a vida autêntica é aquela que sabemos que é fadada à morte e que, apesar de tudo, aceitamos honestamente. Tomar consciência da perda, aceitá-la com coragem e lucidez, é o que nos permite viver um cotidiano sincero, muito além das banalidades e do não essencial. Portanto, mesmo que, diante da morte de nosso fiel amigo, seja grande o desejo de ficar na cama debaixo das cobertas, com o brinquedo do seu cãozinho em mãos e fazendo de tudo para que a tristeza passe, resista à tentação da negação. A morte do nosso animal de estimação nos dá a oportunidade de tomar coragem para enfrentar a perda e toda sua crueldade. Afinal, *Dasein* pode ser um bom nome para o seu próximo cão, não é mesmo?

UM POUCO MAIS SOBRE HEIDEGGER
(1889-1976)

Nascido em 1889, em Messkirch, uma pequena cidade alemã, Martin Heidegger cresceu em uma família muito católica e, desde a adolescência, devorou obras de teologia e textos de Aristóteles. Determinado a se tornar padre, ele finalmente abandonou esses planos, impulsionado pela ideia de que a religião é incompatível com a filosofia. Em 1916, tornou-se assistente pessoal do filósofo Edmund Husserl, com quem compartilhava sua paixão pela fenomenologia. Admirava Husserl, mas logo se afastou dele. Em 1923, foi nomeado professor da Universidade de Marburg. Ele exerceu uma profunda influência sobre a maioria de seus alunos, que também se tornariam importantes pensadores, incluindo Hannah Arendt, Leo Strauss e Hans Jonas. A maior parte do seu trabalho procura saber o que é *ser*, o que faz a nossa existência. Os anos 1930 foram politicamente sombrios, mas muito enriquecedores para a filosofia, deixando para a posteridade uma imagem profana e inevitável para a metafísica.

Leia para enfrentar a crise
Ser e Tempo

Publicado em 1927, é uma referência da metafísica contemporânea, apesar de uma linguagem muito difícil de entender. Heidegger conduz uma exploração sem precedentes do significado do ser e uma análise do tempo que passa como uma ferramenta para compreender o ser.

PÍLULAS FILOSÓFICAS
- Perdemos o sentido da nossa vida pensando apenas em coisas fúteis.
- Cada indivíduo é um *Dasein*, isto é, um ser único.
- Tornar-se consciente da morte não é deprimente; pelo contrário, permite que você dê sentido à sua vida e desfrute dela em vez de se apegar a coisas inúteis.

KANT E O FIM DO RELACIONAMENTO

Ou a razão se divorcia da paixão

São 4h24 da tarde. Você está roendo as unhas de nervoso. Como na época do ensino médio, em que algumas aulas pareciam intermináveis, e o tempo se arrastava, minuto a minuto, caramelizado em segundos. Já faz mais de dez dias que vocês não se veem. Vocês saíram de férias, cada um para um lugar. Desde o início da história de vocês, é a primeira vez que viajam sem a companhia um do outro. Dez dias, durante os quais você reuniu memórias que só fazem sentido porque serão compartilhadas. O seu amado sente muito a sua falta e vocês finalmente vão se ver. Essa perspectiva torna você irracional, você se sente frágil e impaciente, deitada no seu apartamento, você liga para seus amigos com a simples ambição de ocupar seus pensamentos e arruma o guarda-roupa freneticamente para passar o tempo. Sua atenção está tão afiada como a de uma criança em um parque de diversões. Você é incapaz de se concentrar, incapaz de pensar em qualquer coisa além do seu reencontro.

Cinco da tarde. Você não aguenta mais esperar e decide ir encontrá-lo a pé. Você caminha pela calçada enquanto sua mente repensa os meses de paixão febril que você acabou de vivenciar. As noites curtas, a fuga do escritório para passar um momento com ele, as gargalhadas intermináveis e os jantares a dois deixariam a mais romântica das comédias no chão, já que o seu relacionamento exala história de amor. Você vive em um clichê, fácil de criticar, mas tão agradável de viver.

Seus amigos reclamam de sua ausência, de sua perda de lucidez, da relutância que eles têm ao ver você tão envolvida nesse relacionamento. Seus pais acham que está tudo indo rápido demais. Seus amigos criticam as manias do seu par e insistem em dizer que ele é mau-caráter. Alertam você para comportamentos que eles geralmente consideram inadequados e grosseiros. Sua irmã tenta provar que ele é abusivo com você. Mas você está convencida de que isso é apenas uma manifestação da amargura, do ciúme dela ou, na melhor das hipóteses, da falta de costume de ver vocês juntos. Você nega mil vezes, cega pela beleza, pelo humor, pelo charme formidável dele.

Não importa o que as pessoas digam, você está disposta a segui-lo em qualquer lugar, mesmo nas paixões mais obscuras dele, muito além de sua moral e de seus costumes, porque com ele você se sente mais poderosa do que nunca. No fundo, você admite sem dificuldade, você se deixou levar pelo furacão da paixão, por essa tempestade dentro de você, mas está convencida de que o indivíduo, que no momento não passa de uma desordem climática, se tornará sua metade, na alegria e na tristeza.

Você chega ao local do encontro. Bem cedo, claro. Mas o impacto finalmente se aproxima. Você está contente de encontrar com ele em uma cafeteria com uma decoração acolhedora, perfeita para compromissos íntimos. Você não para de pensar nos primeiros minutos em que estarão carinhosamente juntos, aqueles momentos da vida em que alívio, desejo e entusiasmo se confundem. Instantes abençoados, em que a agitação faz o coração bater mais forte do que durante uma corrida na esteira. Você preparou sua roupa, despojada o bastante para não dar a impressão de que você se arrumou demais, mas elegante o suficiente para surpreendê-lo. Até o garçom parece ser cúmplice de sua felicidade. Nada pode abalar sua confiança no futuro. E então, finalmente, ao longe, você o vê passando entre as mesas, o sorriso presunçoso, extremamente feliz por notar sua derrota. Você está pronta para se levantar e agarrar o pescoço dele, no estilo Julia Roberts.

Só que, a poucos centímetros da mesa, você entende que, na verdade, ele não quer incorporar o Richard Gere. Está cansado, sem dúvida. Quando o coração muda de rumo, encontramos as desculpas que podemos. O primeiro beliscão, um pequeno eletrochoque causado pela decepção. Mas isso não é nada comparado ao que vem depois. Em vez de um festival de beijos, você se vê diante de uma enorme frieza. Algumas palavras vagas, formando uma combinação de dúvida, indiferença e impossibilidade de compromisso. "Não é você, sou eu", acreditando que a linguagem do término é tão banal quanto a do amor à primeira vista. O que deveria ser uma comédia romântica se transforma em tragédia. As pessoas ao seu redor sentem pena e constrangimento. Sua metade decide deixar você ali e se levantar sem sequer pagar a conta. Seu amado partiu para viver a vida em outro lugar. Você está em choque, aniquilada pela cena que acabou de presenciar. Depois desse banho de água fria, você espera que ele volte atrás. Mas não, você precisa encarar os fatos: ele realmente se foi para não voltar mais. Ele deixou você solteira, a alma inquieta, não mais pela espera, mas pela tristeza e pela incompreensão.

Seis e meia da tarde – Você está arrasada. Acabou a paixão, você está pregada no chão, o coração pesado e os olhos molhados. Atordoada e desprendida de si mesma, você tem a impressão de ter vivido um grande engano nesses últimos meses. Como ele pôde mudar de ideia tão rapidamente? Até que ponto ele foi sincero? Você não pode ligar para seus amigos, porque eles vão ficar felizes demais com o triunfo da intuição deles. Você não sabe o que fazer nem o que pensar, só sabe que precisará de uma vodca gelada e de uma palavra forte para conseguir voltar atrás e esquecer essa paixão.

E O QUE KANT TEM A DIZER SOBRE TUDO ISSO?

Sobre as vertigens do amor, Immanuel Kant provavelmente não sabia muita coisa. Sua vida não era nada propícia ao tumulto. Seus dias eram todos idênticos, dedicados apenas à meditação e ao ensino. Nenhum evento ou desordem amorosa poderia perturbar essa existência puramente intelectual. O cotidiano do filósofo era inteiramente voltado para a razão e para seu uso. E é justamente usando essa constância como base que poderemos apaziguar nossa tristeza e impedir que uma paixão destrutiva volte para se apossar de nós.

O mérito do pensamento kantiano é que ele não se contenta em opor razão e paixão. Enquanto valorizamos uma para condenar a outra, o que o filósofo nos revela são os seus mecanismos. Por um lado, Kant define a razão como tudo o que não vem da experiência vivida, mas da reflexão. Ou seja, não é preciso ser confrontado com algo, vivê-lo, tocá-lo, nem senti-lo para ser capaz de pensar nele. A razão é uma luz, um poder de análise, de retrospectiva, de dedução que nos permite adquirir conhecimento e agir de maneira ponderada. A paixão é um sentimento que nenhuma palavra ou ação pode dominar. É uma disposição da mente sobre a qual a razão não tem nenhuma influência. No caso de Kant, a paixão não é uma simples emoção, ela é nada menos que uma doença da alma, o termo é deliberadamente forte. E é justamente essa paixão, essa corrupção da mente, que se expressa por meio da inquietação amorosa, feita de expectativa, impaciência e idealização. Nossa razão se dissolve sob essa febre, nos faz perder todas as faculdades de discernimento, isolando-nos da realidade.

Em sua *Antropologia*, Kant vai além. Mais do que definir a paixão, ele revela os riscos que corremos ao ceder a ela. Ele afirma que o amor passional é perigoso, porque leva irresistivelmente à realização de atos moralmente condenáveis. Mas como ele relaciona paixão e imoralidade? A conexão entre os dois é simples de construir. A paixão impede qualquer reflexão. Quando estamos apaixonados, não estamos mais em condição de escutar nossa razão profunda, muito menos nossos pais ou amigos. Não podemos mais comparar, julgar, ponderar, escolher, confrontar, questionar. Estamos presos no centro dessa tempestade, contando freneticamente os minutos que nos separam da pessoa amada, enfraquecidos quando o outro está ausente e não pode alimentar esse fogo. Estamos presos nessa paixão. É assim que ficamos desprovidos das ferramentas necessárias para o exercício da moral, pois, na filosofia de Kant, a lei moral se apoia precisamente na razão. Ser moral é agir de tal maneira que nossa ação possa ser universalmente estabelecida. Em suma, antes de fazer qualquer coisa, devemos nos perguntar se nosso ato será bom para todos. Para isso, é preciso ser capaz de pôr a razão em prática, não apenas ouvir o coração bater ao som de beijos e declarações de amor. A razão e a moralidade estão ligadas, perder uma é também desistir da outra.

Mas isso não é tudo. Sob efeito da paixão, podemos não apenas cometer atos imorais, como também tirar a liberdade de alguém. Incapazes de raciocinar e de nos afastar, esquecemos o que é bom para nós. De repente, estamos apegados a alguém sem sequer ter a oportunidade de nos perguntar se ele estava nos fazendo bem. A paixão nos faz escravos de algo externo a nós, sobre o qual não temos controle. Kant insiste, explicando que nos deixamos enganar por um sentimento que não é baseado em nada estável, porque, depois que o desejo se satisfaz, que o relacionamento se estabelece, a paixão desaparece e corremos o risco de acabar chorando sozinhos, sentados em uma cafeteria. A paixão implica uma vertigem, uma perda de si mesmo no outro; esse afastamento de nossa razão é inconcebível para o filósofo.

No entanto, embora Kant nos convença a romper com a paixão, ele não nos incentiva a nos juntarmos a ele no eterno celibato. Pelo contrário, ao distinguir a paixão do amor, ele nos oferece um grande alívio. Se a paixão é falsa, doentia e efêmera, não devemos temer o amor verdadeiro, ou seja, a construção de um relacionamento racional e duradouro. Aquele que ama pode permanecer consciente e basear seu sentimento na própria vontade, e não em uma ilusão. A experiência é menos dinâmica, mas mais sólida. Confundir os dois e abandonar o amor para não sofrer é privar-se desse milagre de conciliar a razão e a emoção. Então, em vez de ser um fantoche servil dominado pela paixão, enxugue suas lágrimas, recupere suas faculdades mentais e desista de viver clichês cinematográficos. Em vez de buscar a vertigem da paixão, prefira buscar o amor. A viagem será mais bela, mais duradoura e até mais forte que uma vodca gelada.

Um pouco mais sobre Kant
(1724-1804)

Nascido em Königsberg, Prússia, em 1724, Immanuel Kant foi o quarto filho de uma linhagem de onze. Criado em um ambiente modesto e muito devoto, nunca deixou sua região natal. Em 1740, na universidade, interessou-se pela física de Newton e descobriu com fascínio a possibilidade de fazer uma ciência *a priori*, ou seja, sem passar pela experiência. Figura essencial do Iluminismo alemão, ele foi um dos primeiros filósofos a ensinar na faculdade. Conhecido por adotar uma agenda estritamente idêntica todos os dias, ele não tinha vida social nem encontros amorosos. Deu muitas aulas e dedicou o resto do seu tempo à sua obra filosófica, questionando a moral, a estética e a política. Levou onze anos para escrever sua obra mais famosa, *Crítica da razão pura*, publicada em 1781, na qual mostra por que a metafísica não pode constituir um conhecimento verdadeiro. Em 1804, ele morreu em sua cidade natal, e suas últimas palavras foram: "É o bastante". Sua importância para a filosofia é relevante até a atualidade.

Leia para enfrentar a crise
Antropologia de um ponto de vista pragmático

Certamente não é a obra mais famosa de Kant, mas uma série de aulas publicadas em 1798 que abordam âmbitos tão diversos quanto a antropologia, a matemática e a física. O filósofo analisa o homem em todos os seus aspectos, incluindo o amor.

> **PÍLULAS FILOSÓFICAS**
> • A paixão nos faz perder nossas faculdades de raciocínio. Ela nos enfraquece, não nos deixa pensar com clareza.
> • A paixão nos priva de nossa moralidade e de nossa liberdade. Nossa razão não consegue mais se afirmar, pensamos apenas no outro, não pensamos em nós mesmos.
> • É preciso distinguir o amor e a paixão. A paixão leva ao sofrimento, já o amor é mais estável e duradouro. É pautado na razão, que é a base do nosso ser.

BERGSON LANÇA UMA STARTUP

Ou o trabalho como criação do ser

É isso, você finalmente conseguiu. Naquela sexta-feira de setembro, enquanto os outros, humildemente, tiravam um dia de folga, desfrutando de uma liberdade condicional, você já estava um passo à frente e tinha devolvido seu crachá. Com um gesto teatral, para deixar sua marca registrada nas câmeras de vigilância, você tinha se livrado de seu cartão de acesso, testemunha de seus doze anos como um empregado. Você havia jogado esse retângulo de plástico em frente ao balcão da recepção, sem pensar que ainda tinha crédito para tirar cópias. Você se sentia livre. Tinha conseguido sair da empresa antes que suas obrigações tirassem sua razão e sua saúde mental.

Adeus, reuniões às oito da manhã. As apresentações de Power Point ficariam no passado. Consultar as redes sociais no celular escondido debaixo da mesa, nem pensar. Nunca mais você teria que aguentar as conversas fúteis diante da máquina de café ou comer o macarrão mole do restaurante. Você estava vivendo o luxo inestimável de largar seu emprego, e o único motivo da partida era sua vontade de uma vida melhor. Você se tornaria seu próprio chefe, e seus futuros cartões de visita seriam a prova viva de sua riqueza de espírito.

Essa decisão foi uma libertação total. Com sabor de visibilidade e emancipação. Ao embalar seus últimos pertences, naquele lugar anônimo, você lançou um olhar de ternura, quase empático, para seus colegas. Que antiquada a vida de empregado! Agora, você teria um visual descontraído todos os dias, não só na sexta-feira. Poderia compartilhar granola orgânica nos espaços de coworking, descansar no meio da semana, e teria a incrível possibilidade de trabalhar onde e quando quisesse. A vida de startup: você não precisava de nada além de uma conexão 4G. Você havia criado sua empresa, feliz em finalmente reconciliar sua natureza profunda com sua atividade profissional. Estava animado com a ideia de passar as noites com muito *brainstorming* e uma adrenalina constante. Você queria transformar sua sala de estar em um refúgio de inteligência e de história de sucesso e, ao mesmo tempo, parar de usar aquela pasta executiva horrível.

Suas ações passaram a ter o sentido que você buscava fazia tempo. Você se sentia no controle do seu destino e da orientação estratégica de suas atividades. Seus pais parabenizaram você, apesar de estarem com medo. Seus amigos ficaram com inveja de você, e suas conquistas admiravam sua alma de imperador. Nos primeiros dias, dominado por uma onda de confiança, você sentia suas asas se abrirem sob a jaqueta jeans. Seu passatempo predileto era ajustar as cores da sua página na internet, e sua criatividade não era mais bloqueada por fluxogramas ultrapassados. Cada vez que se encontrava com alguém, você cantava os louvores do empreendedorismo.

Então, depois de seis meses de romance entre você e suas novas condições de trabalho, manias estranhas se infiltraram na tranquilidade de seu sofá. Você começou a checar freneticamente seus e-mails, de uma maneira quase obsessiva. Até mesmo durante o jantar, seu olho esquerdo espiava seu smartphone e sua mão estava pronta para pegar o aparelho ao menor sinal de mensagem de algum cliente. Você queria ser rápido e exemplar, e descobriu, espantado, que a pressão que colocamos sobre nós mesmos é muito maior do que a de um chefe. Preocupado com a imagem da sua marca, você respondia pessoalmente a todos os comentários que mencionavam seus produtos nas redes sociais. Suas noites se passavam nos braços do Instagram e, em vez de ovelhinhas, você contava as curtidas.

Você havia entrado na era da solicitação permanente. Para seus amigos, que disseram que seus olhos estavam um pouco vermelhos, você usou como desculpa a adrenalina que corria no seu fluxo sanguíneo. Sua manhã de domingo, geralmente pacífica, agora era dedicada a videoconferências com fornecedores estrangeiros. Eles evocavam as leis do mercado financeiro, enquanto a nostalgia levava você de volta ao tempo em que a palavra "mercado" não significava nada além do reino do repolho e das cenouras escolhidas com muito cuidado. E, apesar de prezar pelo conforto de uma roupa casual, a realidade era que você não tinha nem um minuto para se vestir, muito menos para pensar no essencial.

Sua vida se tornou um contrato de vinte e quatro horas diárias, com uma cláusula especial sobre imprevistos e decepções. Preso no turbilhão de sua ascensão e de seu compromisso, você começou a achar que era normal fazer a contabilidade da empresa nos feriados, tirar dinheiro do seu seguro de vida para ter migalhas de salário, e falar sobre a documentação da empresa com a cabeça apoiada no travesseiro.

Estar ocupadíssimo tornou-se um estado permanente. Até que, um dia, explicando ao seu vizinho que as férias eram coisa de gente desocupada e sem ambição, você percebeu que o problema era sério e que precisava fazer alguma coisa logo. De empreendedor descolado e tranquilão, você passou a ser um zumbi monomaníaco que queria controlar tudo. E você não pode culpar ninguém além de si mesmo pelo seu comportamento. Criar é bom, mas estar só o pó da rabiola, nem tanto. Esgotado, você sonha com o macarrão mole do restaurante da empresa, os horários fixos e as reuniões de terno e gravata. O tempo voa, e você está sobrecarregado. Você precisa fazer um *briefing* com todas as vantagens de sua independência, ou vai acabar queimando seu cartão de visita e sair correndo para uma agência de empregos.

E O QUE BERGSON TEM A DIZER SOBRE TUDO ISSO?

Sem dúvida, Henri Bergson era conservador demais para ser adepto do visual despojado. Por outro lado, assim como Marcel Proust, seu primo por afinidade, o tempo era sua especialidade. Isso porque a primeira coisa que escapa de nós é justamente o tempo. Você precisa de um pouco de tempo, paciência e pensamento, para se permitir encontrar aquela chama e contemplar um sucesso que você deve apenas a si mesmo. Essa perda de confiança no próprio sucesso só pode ser explicada por uma perda de visão. Se você está exausto, não é só pela carga de trabalho, é porque você perdeu as forças, sobrecarregado por centenas de tarefas cotidianas. Estamos longe do charme da conquista. Não entre em pânico, Bergson irá ajudar você a se lembrar de suas emoções iniciais.

Sua ajuda começa com uma reflexão sobre o esforço. Esse momento inevitável que todos devemos viver para ter sucesso. Essa etapa crucial, que transforma aprendizes em especialistas e galãs em guerreiros. O esforço de explicar, de repetir, de suportar, de esperar. Mas, acima de tudo, os esforços que nos levam a superar todos os obstáculos. Bergson nos deixa à vontade, explicando abertamente que o trabalho é doloroso e cansativo. No entanto, em vez de parar nessa conclusão negativa, ele acrescenta: é justamente por isso que o esforço é infinitamente precioso. Mais precioso que o sucesso, que os agradecimentos e que o número de elogios. E o esforço é tudo isso porque, graças ao trabalho, nós nos elevamos acima de nós mesmos, fomos procurar nesse espaço que pensávamos ser inatingível, encontramos em nós mesmos recursos inesperados.

No entanto, essa superação não teria sido possível sem a resistência, sem os imprevistos, sem as dificuldades. Sair da zona de conforto, em qualquer contexto, não é se livrar das coisas que incomodam, nem se opor a uma ordem estabelecida, nem mesmo fantasiar com um trabalho de maior prestígio social. É ser capaz de pôr nossa força à prova, e manter uma determinação clara o suficiente para nunca deixar de aumentar essa força, mesmo com imprevistos. Mesmo com os contratempos e as noites sem dormir diante do computador. Afinal, mesmo que a falta de férias tenha um leve sabor de frustração, se você tiver paciência, sentirá a alegria de ter triunfado, prova de que a vida ganhou terreno.

Mas Bergson não é apenas um pensador para os empreendedores. Ele nos incita a perceber a beleza dos obstáculos e a não desistir quando temos que preencher milhares de documentos administrativos. Além disso, ele completa sua definição de esforço com um incrível elogio à criação. Superar obstáculos para um chefe é muito menos intenso do que quando somos nós que estamos no controle.

De fato, se a felicidade sempre prevalece sobre o resto, não é porque nós sofremos e superamos as dificuldades. É também porque ficamos profundamente orgulhosos de ter trabalhado para criar algo, assim como o artista que pintou um quadro, a mãe que deu à luz a criança, o sábio que descobriu um conceito. O empreendedor que desenvolve seu negócio não fica feliz proporcionalmente ao dinheiro que recebe ou da notoriedade que adquire. É claro que a riqueza e a importância fazem parte da satisfação que ele sente, mas o mais importante é o êxtase de ter criado uma empresa, de ter dado vida a algo por meio de sua criação. Para Bergson, é nisso que reside a razão de ser de nossa vida cotidiana, em criar, ou seja, fazer surgir algo que nunca existiu.

Por meio do trabalho, ampliamos nossa personalidade, aumentamos o esforço, triunfamos e, no final, além de criar uma sociedade, criamos a nós mesmos, porque moldamos nossa personalidade. Mais que trabalhar, construir a própria atividade é incentivar essa criação de si mesmo por si mesmo, e somente a si mesmo. À medida que as dezesseis horas de trabalho diário, as olheiras, a falta de salário e de férias, os fracassos e as desilusões se tornam importantes, você está se tornando outra pessoa, reserve algum tempo para essa mudança, e da próxima vez que tiver vontade de comer macarrão, vá para a cozinha e prepare seu prato. Afinal, o seu macarrão será bem melhor que o do restaurante da empresa.

Um pouco mais sobre Bergson
(1859-1941)

Nascido em Paris em 1859, em uma família judia polonesa, Henri Bergson foi criado entre Londres, onde adquiriu perfeito domínio do inglês, e Paris, onde realizou estudos brilhantes e ganhou o primeiro prêmio no campeonato geral de matemática. No entanto, ele era apaixonado demais pelas ciências humanas para mergulhar nos números e, assim, entrou na Escola Normal Superior de Paris, juntamente a Émile Durkheim e Jean Jaurès. Ele passou em um concurso para lecionar Filosofia e, em seguida, foi nomeado professor de ensino médio nos colégios de Angers, de Clermont-Ferrand, no Liceu Henrique IV, em Paris, e depois lecionou no Collège de France. Seu bilinguismo lhe permitiu que se tornasse amigo do filósofo americano William James, que ele conheceria mais tarde. Seus temas favoritos são o tempo e a importância da intuição, que ele distingue da inteligência. Ele buscava valorizar o impulso vital. Sua eleição para a Academia de Ciências Morais e Políticas marca seu acesso à história da filosofia. Suas obras obtiveram sucesso mundial.

Leia para enfrentar a crise
A energia espiritual. Ensaio e conferência.

Conjunto de textos publicados em 1919, as várias conferências nos permitem compreender o modo como Bergson trabalhava, misturando dados científicos com uma vontade constante de transformar a filosofia em uma disciplina voltada para o movimento, para a criação e para a vida.

Pílulas filosóficas
• O esforço é doloroso, mas nos permite alcançar a alegria, é graças a ele que nos superamos.
• A criação é a razão de ser da vida. Na criação, todos os esforços se justificam.
• Trabalhando, criamos a nós mesmos, descobrimos a nós mesmos e, assim, temos acesso à nossa própria felicidade.

WITTGENSTEIN, MEUS SOGROS E EU

Ou cultura e diversidade

Antes mesmo de conhecer seus sogros, você estava pronta para amá-los. Os conflitos com sogros pareciam tão tradicionais, tão clichês, que você nunca tinha imaginado que passaria por isso. Você estava profundamente feliz com o amor da sua vida, e isso era suficiente para querer desfrutar de todas as esferas da sua vida. Então, quando ele convidou você para almoçar com os pais e com todos os irmãos dele, você ficou contente. Tinha certeza de que passaria bons momentos e estava convencida de que esse passo era tão necessário quanto importante na construção de seu relacionamento.

Nos dias que antecederam a grande refeição, você estava totalmente serena, apesar das recomendações do seu amigo. Sentindo-se ansioso com a perspectiva de confrontar dois mundos igualmente preciosos, ele não parava de lhe dar conselhos sobre o melhor comportamento a adotar para acelerar sua integração. Você deixava esses conselhos de lado levemente, sem dar ouvidos a eles, lembrando que você estava confiante. Desde que você era jovem, as pessoas elogiavam sua inteligência estratégica, uma fina mistura de educação, sedução e preocupação com os outros. Então, conhecer aqueles que seriam amigos íntimos não era nenhuma preparação especial, não era nada estressante. Assim, de coração aberto e com um entusiasmo palpável, você cruzou a porta da casa dos pais dele naquele domingo de verão, ansiosa para admirar as fotos de infância de sua outra metade e para compartilhar mil anedotas sobre sua época de colégio.

Mas, logo na entrada da casa, seu primeiro erro foi tão rápido como o Usain Bolt. Você foi a última a chegar, só teve tempo de comprar um enorme buquê de flores, sem saber que o filho de sua cunhada havia desenvolvido uma terrível alergia ao pólen. Decepcionado, seu companheiro se virou para você com um olhar que dizia "não acredito que você esqueceu". Depois dessa gafe irreparável, você pediu desculpas, confusa e envergonhada, pronta para engolir o buquê e fazê-lo desaparecer. Felizmente, sua sogra o jogou no lixo, selando sua chegada catastrófica.

Com a mente perturbada, você foi em direção à mesa, esperando que a refeição amenizasse seu passo em falso. Isso sem contar o fato de você ter se sentado no lugar do seu cunhado, o lugar onde ele sempre se sentou desde pequeno e que, portanto, estava estritamente reservado para ele. É claro que você não era obrigada a saber essa disposição implícita de lugares, que parecia tão óbvia para o resto da família. O aborrecimento deles, por outro lado, foi bem explícito:

"Assim não dá. Você não sabe que aí é o lugar dele?"

Paralisada por suas trapalhadas, você nem ousava se mover. Preferia ouvir as conversas, mesmo sem entender uma só palavra. De repente, seu noivo começou a perguntar, com grande interesse, por onde andavam pessoas que até então ele nunca tinha citado na sua presença. Ele ficou feliz ao saber que uma delas havia tido um bebê, a outra tinha arrumado emprego e o outro estava de férias.

Sem conhecer os costumes da família, você se sentia desconfortável. Não sabia interpretar os curiosos gestos da avó. Você admitiu que não conseguia perceber se ela estava tendo um derrame ou apenas pedindo mais uma sobrecoxa. Mergulhando no coração de um novo universo, um continente se revelava diante de seus olhos. Tudo ao seu redor se tornou enigmático. Ninguém se preocupou em colocar legendas nessas conversas com tópicos que você desconhecia completamente. As datas, as memórias, as brincadeiras entre os convidados não tinham sentido algum. Tudo estava indo rápido demais. Estavam falando outra língua. Seu noivo de repente se tornou distante, você teve a leve impressão de ter sido deixada de lado. Cada referência que ele mencionava pertencia a outra vida, na qual você se sentia como um passageiro clandestino.

Porém, mais delicada do que essa imersão em terra desconhecida, você foi confrontada com a diferença educacional entre vocês. Essa grande lacuna cultural exigia uma flexibilidade para a qual você não estava preparada. Na hora da sobremesa, você não teve escolha a não ser morder o lábio, ouvindo a opinião política do seu sogro, totalmente oposta à sua. Você ficou com vontade de engasgar com sua fatia de bolo ao perceber o egocentrismo e a vulgaridade do primo de segundo grau, que falava de seus excelentes investimentos financeiros e de suas muitas conquistas. Na hora de ir embora, enquanto você se sentia derrotada pelas horas que tinha acabado de viver, sua sogra apertou friamente sua mão e você a encarou, confirmando ainda mais seu fracasso em se juntar à família. Enquanto dava um longo abraço em seu amado filho, ela proferiu algumas palavras, com um ar de superioridade, para lembrar a você de que, na vida, temos apenas um único lar, o da nossa infância. Enfim, era melhor você se preparar.

Agora você está em casa, sobrecarregada por uma cultura que não tem nada em comum com a sua e que parece irreconciliável para você. Sua confiança deu lugar a um profundo pessimismo, e você sente medo de ter que passar por almoços parecidos durante os próximos sessenta anos. Você, que queria tanto que os pais dele ficassem contentes ao mostrar álbuns de fotos antigas, agora não sabe o que é melhor: pedir o divórcio mesmo sem estar casada, esperar que seu noivo fique órfão, ou levá-lo para morar do outro lado do mundo. Você precisa urgentemente encontrar um modo de comunicação e integração.

E O QUE WITTGENSTEIN TEM A DIZER SOBRE TUDO ISSO?

Uma das características de Ludwig Wittgenstein, além de sua experiência na filosofia da linguagem, é que ele evoluiu em círculos tão ecléticos, e em tantos países diferentes, que certamente já estava acostumado com o sentimento de não entender completamente as conversas ao seu redor.

Essa impressão de mudança, essas grandes diferenças culturais, que causam silêncio, confusão, nos deixam sem saber qual atitude correta a tomar, ou às vezes nos levam à fuga, que se tornou tema de uma de suas obras mais importantes. Mas, em vez de nos desanimar, insistindo no fato de que nossas culturas são incompatíveis, Wittgenstein nos dá um manual de instruções bastante eficaz e oferece as chaves de nossa futura integração.

Em seu livro *Investigações filosóficas*, o pensador austríaco faz a conexão entre cultura e linguagem. Se nos sentimos perdidos em algum lugar, se não conseguimos encontrar sentido em uma cultura, é precisamente porque não compreendemos as palavras nem as ações das pessoas ao nosso redor. Para Wittgenstein, o que diferencia uma cultura de outra não é apenas um artesanato típico nem os costumes, mas, antes de tudo, uma linguagem, ao mesmo tempo falada e gestual, que evoluiu em função de uma história e de hábitos. De fato, cada ambiente cultural usa uma linguagem diferente, com suas particularidades e seus usos.

Entretanto, a cultura em Wittgenstein não evoca apenas um país, que seria geograficamente delimitado, mas "uma forma de vida". Essa expressão se tornou um conceito essencial. Ele define a forma de vida como uma organização humana, com uma configuração específica, que responde a códigos muito específicos. Desse ponto de vista, a família é uma forma de vida como nenhuma outra. E toda a nossa existência é composta de uma multiplicidade de formas de vida, nas quais evoluímos diariamente, e das quais devemos reaprender a linguagem o tempo todo, caso contrário, corremos o risco de ser deixados de lado, de não estar integrados, ou de não conseguir dizer a diferença entre pedir uma sobrecoxa e ter um derrame. A linguagem não pode ser representada fora de uma forma de vida. Se a forma de vida muda, a linguagem que a acompanha muda também. Os significados das palavras e dos gestos não são os mesmos dependendo da forma de vida em que nos encontramos. No metrô, você pode se sentar onde quiser, mas não pode fazer o mesmo na casa de uma família onde os lugares foram atribuídos bem antes de você chegar.

Conhecer seus sogros é cruzar a fronteira de uma nova forma de vida. E você pode até ter sido muito bem-educado, mas essa não é a sua família, então você não sabe como ela funciona. O mesmo serve para um grupo de amigos que você acabou de conhecer, ou para um novo emprego. Para designar esse aprendizado necessário quando descobrimos uma nova cultura, Wittgenstein fala inclusive de um "jogo de linguagem".

Assim como um iniciante em um jogo, temos de aprender as regras antes de jogar. Nem sempre é fácil, e as regras são um pouco incomuns. Para dominar um jogo de linguagem, é necessário compreender o contexto, as conexões entre pessoas e também se apropriar de conhecimentos específicos, tais como saber que seu sogro não tem a mesma opinião política, ou que um buquê de flores pode ser constrangedor. Enfim, é preciso ser curioso. Isso leva tempo e exige atenção. Requer especialmente aceitar um comportamento diferente do seu, ficar em silêncio e observar. Cada grupo de pessoas tem um jogo de linguagem diferente do outro, basta ter paciência para aprender as regras e se integrar e, no fim das contas, abrir a mente. Você verá que, se você falar a mesma língua e seguir as regras, seus sogros ficarão muito mais dispostos a deixar você jogar com o filho deles.

Um pouco mais sobre Wittgenstein
(1889-1951)

Nascido em Viena em 1889, Ludwig Wittgenstein era o caçula de oito filhos de uma rica família de industriais. Músicos e patronos de artistas tão prestigiosos quanto Brahms ou Mahler, seus pais lhe apresentaram desde cedo várias disciplinas culturais. Em 1906, Wittgenstein começou os estudos de Engenharia em Manchester, antes de se mudar para o campo da matemática. Em seguida, estudou em Cambridge com o filósofo Bertrand Russell. Ele continuou viajando, da Islândia à Noruega, onde construiu uma cabana. Continuava convencido de que, longe da universidade, seu pensamento se desenvolveria muito mais, e foi em sua cabana que ele escreveu um livro sobre os fundamentos da lógica matemática. Ao partir para combater na linha de frente russa durante a Segunda Guerra Mundial, foi em plena batalha que escreveu seu livro de filosofia mais famoso, o *Tractatus logico-philosophicus*, no qual buscava definir os limites da linguagem e da filosofia.

Momentaneamente feito prisioneiro pelos italianos, ele conseguiu enviar seu manuscrito para Russell, que contribuiu para sua publicação em 1922. Considerando que essa obra resolvia definitivamente os problemas filosóficos que poderiam ser levantados, Wittgenstein buscou uma nova orientação. Ele se tornou professor, jardineiro e arquiteto, e desenhou uma casa para sua irmã. Foram os filósofos do Círculo de Viena que, por meio de perguntas, trouxeram Wittgenstein de volta à filosofia. Ele finalmente obteve um posto em Cambridge, em 1939. Sua importância para a filosofia analítica, sua pesquisa a respeito do sentido, e sua vida iconoclasta fizeram dele uma das figuras mais importantes do pensamento do século 20.

LEIA PARA ENFRENTAR A CRISE
Investigações filosóficas

Publicado postumamente em 1953, suas pesquisas propõem, assim como o *Tractatus logico-philosophicus*, a questão da linguagem e de sua compreensão. Wittgenstein usa muitos experimentos para associar o leitor a suas reflexões.

> **Pílulas filosóficas**
> • A cultura é, acima de tudo, o uso de uma linguagem, com suas particularidades.
> • A cultura não está limitada a um país. Cada grupo de pessoas tem uma cultura diferente e usa uma linguagem própria.
> • Integrar-se a um grupo significa aprender a linguagem específica que esse grupo usa, em forma de palavras ou gestos.

UM PRESENTE NOTA MILL

Ou os cuidados da verdade

Você sempre adorou aniversários e, a verdade seja dita, o seu em particular. Esse sentimento de estar no centro da festa, de se deixar levar pelo entusiasmo de um dia organizado especialmente para agradá-lo, e saborear o luxo de ter todos os seus amigos reunidos com você. Assim que a fatídica data termina, você aguarda ansiosa pela próxima, pensando onze meses à frente. Mas o que mais chama sua atenção e aumenta seu entusiasmo, sem dúvida, são os presentes. Não é que você seja materialista, é que presentes simbolizam a atenção que você está recebendo. Você tem a sensação de que dentro de cada pacote se esconde uma palavra de amor, materializada no objeto que você mais queria, tudo isso com o objetivo de satisfazer você.

Assim, foi com uma euforia quase infantil que você esperou por esse jantar, que celebraria mais uma primavera. A cerimônia de abertura dos presentes acontece tradicionalmente na hora da sobremesa, para aumentar um pouco mais o suspense. Ao abrir os primeiros presentes, você fica encantada. Cada um evoca um aspecto da sua vida, você fica comovida ao ver que foram escolhidos com tanto cuidado. Você não precisa nem se esforçar para mostrar seu entusiasmo.

É com esse impulso que você pega o pacote seguinte. O presente da sua melhor amiga, aquela que sempre compartilhou seus segredos mais íntimos. Você exibe um sorriso radiante, mergulhando as mãos na embalagem, certa da felicidade que estava prestes a sentir. Qual é o seu espanto ao segurar diante de seus olhos um suéter! Você fica pasma. Seu rosto congela. Você precisa encarar os fatos, você ganhou um presente feio. Feio, não. Muito feio. O tipo de coisa que você poderia receber como pegadinha de amigo oculto. Cores chamativas, um corte sem forma, o tecido que causa coceira. O que aconteceu? Você olha para os seus convidados, sorriso amarelo no rosto, incapaz de pronunciar outra coisa senão o velho clichê "não precisava...", pensando na frase que você gostaria de acrescentar: *me dar esse negócio*. O pior é que sua amiga não parece nem um pouco preocupada. Pelo contrário, ela começa a suspirar dizendo o quanto ela demorou para escolher, o quanto acha que esse suéter se parece com você, pois é uma harmonia entre maciez e originalidade.

Você está chocada. A última vez que você ficou tão decepcionada foi aos 7 anos, quando seus pais erraram o seu presente de Natal. Será que ela conhece você tão mal? Você se sente quase traída. O simbolismo que você esperava desapareceu. Se os presentes representam palavras de amor, os dela estão bem mais próximos do insulto. Esse presente é horrível. Você não sabe se chora de decepção ou se usa as velas do bolo para queimar imediatamente essa porcaria. Então, ela olha bem nos seus olhos e pergunta:

"E aí, gostou?"

Na hora, acabou a alegria, a sensação de prazer de ser a rainha da festa. Você está no meio de um dilema terrível. Por um lado, mentir e fingir estar emocionada por um presente que faz você pensar em um pano de chão e na sensação de ter sido ridicularizada. Por outro lado, ser honesta, dizer a verdade e correr o risco de magoar sua amiga e lhe causar uma dor profunda, além de se passar por uma pessoa mimada que não está contente com nada. A cada minuto que passa, seu sorriso é menos convincente. Cedendo à pressão dos convidados, você se repreende ao exclamar:

"Adorei! Não precisava!"

Então, como se isso não fosse o suficiente, você jura que ela acertou na mosca:

"Eu não vou me desfazer dessa maravilha tão cedo, é a minha cara!"

A festa continua, todos estão brindando em sua homenagem, mas, na sua cabeça, ecoa apenas o som da mentira desavergonhada que você acabou de contar. Isso sem falar no perigo que você corre de ter que usar o traje no próximo jantar. Você está muito irritada.

Se você não é capaz de dizer a verdade para sua melhor amiga, qual é a base do seu relacionamento? Mentir não seria quebrar o laço de confiança que deveria existir entre vocês? Se vocês não conseguem encarar a realidade em relação a um mero presente, supostamente vocês são capazes de esconder coisas muito mais graves uma da outra. Por fim, essa ideia causa em você mais agonia que um suéter de mau gosto.

De volta ao seu apartamento, você fica em dúvida se manda uma mensagem para ela, admitindo com toda sinceridade que está decepcionada. Só que, na hora de apertar a tecla "enviar", você imagina a reação dela ao receber a mensagem. Você não é forte o suficiente para magoá-la, quer preservá-la a qualquer custo; afinal, ela escolheu o presente com todo seu coração. Então, você se sente culpada, com peso na consciência e sem vontade nenhuma de comemorar, com medo de ter que mentir de novo no ano que vem.

E O QUE MILL TEM A DIZER SOBRE TUDO ISSO?

John Stuart Mill certamente não nos deixaria trocar o presente. Por outro lado, o filósofo, lógico e economista britânico é um valioso aliado para nos ajudar a estabelecer em que circunstâncias devemos ou não dizer a verdade. Isso pode nos dar a oportunidade de adotar uma estratégia melhor em nossas relações, sabendo nos situar melhor entre a preocupação com a diplomacia e a necessidade de honestidade.

Em 1863, em uma obra chamada *Utilitarismo*, que marcaria o campo da economia estabelecendo as bases do capitalismo, John Stuart Mill expressa sua opinião sobre a importância da verdade nas relações humanas. Ele assume o ponto de vista da utilidade, ou seja, procura saber o que é mais útil, o mais benéfico para a maioria. No entanto, ao formular sua resposta, da forma mais clara possível, ele afirma com veemência que a mentira enfraquece a confiança. Mentir fragiliza as palavras que as pessoas trocam, torna as palavras menos sólidas, já que elas não são baseadas na realidade. Portanto, isso também implica relações mais precárias entre os indivíduos. Mas Mill vai além, e continua seu raciocínio, antecipando as consequências na vida social caso os indivíduos decidam que o desvio da verdade não é nada grave.

Para o filósofo, mentir não é apenas expressar palavras falsas, é também, acima de tudo, ameaçar o bem-estar social, é prejudicar a implantação da felicidade na sociedade. Sua posição é firme, uma vez que o autor considera que a felicidade do grupo – aquela que permite que as pessoas se alegrem umas com as outras – baseia-se precisamente em relações recíprocas de confiança. Contar a verdade aumenta a confiança e, portanto, amplifica a felicidade dos indivíduos. Desse modo, a verdade parece mais útil que a mentira, é benéfica para os homens, para sua existência em comum. Quem nunca se sentiu aliviado ao perceber que alguém foi honesto com ele? Será que não ficamos aliviados com a ideia de que nossas trocas se baseiam em um pacto implícito de sinceridade, seja no trabalho, seja na vida pessoal? A moralidade de Mill é baseada na experiência, na vivência. Para ele, aquilo que é útil para a felicidade de todos os homens é moral. A mentira quebra essa confiança, e por isso é inútil e imoral. Portanto, se a verdade é garantia de felicidade, poderíamos parar por aí, e pegar o celular na hora e enviar uma mensagem bem sincera, dizendo com todas as palavras que o presente era incrivelmente feio.

Certo, mas, mesmo sendo um fervoroso defensor da verdade, Mill não esquece que, em raras exceções, a mentira também pode ter uma forma de utilidade. Ele estabelece uma série de situações, sendo a mais importante o caso em que mentir permite preservar alguém, protegê-lo, evitar um inconveniente. Mill aborda casos extremos, nos quais a mentira pode ser admitida. Por exemplo, a situação em que devemos omitir a verdade, para não revelar o paradeiro de um amigo procurado por um malfeitor ou aquela em que alguém mente a uma pessoa com uma doença grave. É claro que, desse ponto de vista, revelar nossa decepção com um presente que não nos agradou está longe de ser uma emergência, mas, nesse caso, a experiência também está em primeiro plano e nos ajuda a determinar nossas ações. O que é mais útil para o bem-estar coletivo nessa situação? Ser capaz de expressar o que você pensa, principalmente se você tiver sido ferido, é essencial, desde que não cause na outra pessoa um sofrimento ainda maior. Se isso colocar a pessoa diante de um sofrimento excessivo, é melhor ficar quieto.

A verdade continua sendo muito mais útil, mas às vezes a mentira pode se justificar. Essa preocupação com a diplomacia é uma maneira de cuidar do outro. No entanto, a exceção deve se enquadrar em duas condições. A primeira: devemos reconhecê-la de maneira indiscutível. A segunda: precisamos marcar os limites dela, defini-los com precisão, para evitar que ela se estenda para outras coisas que prejudiquem nossos preciosos laços sociais. Então, desta vez, você pode guardar seu celular e fingir que gostou do presente, mas não pense duas vezes antes de confessar ao seu amigo que você não gosta de cozinhar. Seus laços só serão reforçados.

UM POUCO MAIS SOBRE MILL
(1806-1873)

Nascido em Londres, em 1806, John Stuart Mill foi criado por um pai economista que tinha a ambição de tornar o filho um gênio. Seguindo os conselhos do filósofo Jeremy Bentham, ele deu a Mill uma educação muito rigorosa e exigente. Mill aprendeu o alfabeto grego aos 3 anos de idade e foi iniciado em álgebra, economia e filosofia aos 8 anos. Vítima de uma grave depressão aos 20 anos, ele buscou reequilibrar essa educação excepcional tentando ouvir suas emoções. Ele então se tornou jornalista de revistas que defendiam o liberalismo.

Discípulo e amigo de Auguste Comte, Mill o apoiou financeiramente. Foi profundamente marcado pelo positivismo, que – ao contrário do que o nome pode sugerir – não significa elogiar uma vida positiva, mas uma corrente de pensamento que insiste na racionalidade científica.

Em 1858, John Stuart Mill mudou-se para sua casa na França, perto de Avignon. Eleito para a Câmara dos Comuns em 1865, defendeu o sufrágio e emancipação das mulheres, tornando-se um dos precursores do feminismo. Em termos de moral, John Stuart Mill adaptou o utilitarismo de Jeremy Bentham. Ele baseia o dever na busca da felicidade geral, enfatizando o aspecto qualitativo da felicidade. O objetivo da humanidade é reduzir a distância entre a felicidade individual e a felicidade coletiva. Enquanto essa lacuna existir, o bem dos outros deve prevalecer sobre a felicidade pessoal. A felicidade defendida por Mill é altruísta. Seu utilitarismo está voltado para o bem-estar da sociedade.

LEIA PARA ENFRENTAR A CRISE
Utilitarismo

Nesta obra publicada em 1861, John Stuart Mill defende sua definição de utilitarismo, doutrina preconizada juntamente a Jeremy Bentham. Sua teoria faz da utilidade o único critério de moralidade. Uma ação útil é uma ação que contribui para a felicidade do maior número de pessoas. Essa felicidade é caracterizada pela busca do prazer de qualidade.

PÍLULAS FILOSÓFICAS

- O que é útil é o que traz mais felicidade para a sociedade.
- Dizer a verdade é útil porque aumenta a confiança entre as pessoas. E a confiança é uma das bases da felicidade na sociedade.
- Mentir prejudica a felicidade, exceto em algumas exceções, nas quais só a mentira pode preservar uma pessoa. É essencial medir bem as palavras.

> "Você me pergunta a história da minha vida, eu lhe contarei os livros que li."
> OSSIP MANDELSTAM, VERÃO DE 1914.

AGRADECIMENTOS

Agradeço ao meu irmão, o melhor de mim. Sem ele, o tudo seria nada. Desejo que todas as irmãs do mundo tenham um irmão mais velho como ele. Agradeço à minha mãe por seu amor inabalável e poderoso, por sua coragem, por sua fantasia e, acima de tudo, pela coragem de sua fantasia. Agradeço ao meu pai, por ter desejado tanto este livro, e à sua exigência, por ter incentivado toda a minha confiança. Agradeço ao Alexandre, por ser quem é. E por construir cabanas para me abrigar. Este livro é nosso, vamos nos lembrar desta vida durante toda a nossa vida. Agradeço a Coco, por seu combustível, e ao destino de multiplicar o amor, oferecendo-me um terceiro gêmeo. Agradeço a Laura-Maï, pelos nossos fios eternamente emaranhados. Agradeço ao Pierre, pela escrita que salva e que se inscreve na carne. Agradeço a Sylvie por sua ternura constante e seu olhar conquistador. Agradeço ao Simon pelos nossos meses de março e pelos tumultos que se fundem.

Não há costuras mais preciosas, nem mais delicadas, para cruzar rindo todos os meandros da vida.

Agradeço a Susanna, Léonard, Emmanuelle. Eu nunca poderia ter esperado um olhar tão justo e tão precioso. Sua confiança me transformou em uma autora. Meu reconhecimento é infinito. Agradeço aos professores que fizeram de mim aluna e aos alunos que me fizeram professora. Vocês me ensinam todos os dias a ser um pouco melhor. Agradeço a Frédéric Manzini por ter me apresentado ao sensual Spinoza. Agradeço a Alain Granat por ter me feito entender tão cedo como a filosofia é *sexy*. E agradeço a Stéphanie Janicot pela vertigem das primeiras palavras. Agradeço a Bérangère, Carole, Nitha, Rachel, Océane, Marley, que, por seu entusiasmo e sua competência, garantem a minha serenidade e tornam minha escrita possível. Agradeço a Ingrid, viajante inspirada e descobridora inspiradora, ainda voltaremos a nos encontrar. Agradeço a Maud pelas afinidades eletivas. Agradeço a todas as mães judias. Agradeço a Virginie, Olga, Jola, Ulysse, Ilona, Malizzia, Eva e Laurent-David pelas misteriosas solidariedades e pelos incentivos que nutrem. Agradeço a Emmanuel M. e às noite de vitória.

Agradeço a Spinoza, Aristóteles, Bergson, Wittgenstein, Epicuro, Pascal, Nietzsche, Kant, Platão, Heidegger, Levinas, Mill, sem vocês, eu não saberia o que fazer.

**Acreditamos
nos livros**

Este livro foi composto em Adobe Garamond Pro e
Scriptorama Markdown JF e impresso pela Geográfica
para a Editora Planeta do Brasil em julho de 2021.